经济学专业理论与实践教学深度融合的创新研究

林开颜 张巍炜 高 蕾 著

哈尔滨出版社
HARBIN PUBLISHING HOUSE

图书在版编目（CIP）数据

经济学专业理论与实践教学深度融合的创新研究 / 林开颜，张巍炜，高蕾著. — 哈尔滨：哈尔滨出版社，2022.12

ISBN 978-7-5484-6635-2

Ⅰ. ①经⋯ Ⅱ. ①林⋯ ②张⋯ ③高⋯ Ⅲ. ①经济学—教学研究 Ⅳ. ①F0-4

中国版本图书馆CIP数据核字（2022）第139472号

书　　名：	经济学专业理论与实践教学深度融合的创新研究
	JINGJIXUE ZHUANYE LILUN YU SHIJIAN JIAOXUE SHENDU RONGHE DE CHUANGXIN YANJIU
作　　者：	林开颜　张巍炜　高　蕾　著
责任编辑：	王利利　韩伟锋
封面设计：	张　华
出版发行：	哈尔滨出版社（Harbin Publishing House）
社　　址：	哈尔滨市香坊区泰山路82-9号　邮编：150090
经　　销：	全国新华书店
印　　刷：	廊坊市广阳区九洲印刷厂
网　　址：	www.hrbcbs.com
E – mail：	hrbcbs@yeah.net
编辑版权热线：	（0451）87900271　87900272
开　　本：	787mm×1092mm　1/16　印张：10.5　字数：230千字
版　　次：	2023年1月第1版
印　　次：	2023年1月第1次印刷
书　　号：	ISBN 978-7-5484-6635-2
定　　价：	68.00元

凡购本社图书发现印装错误，请与本社印制部联系调换。

服务热线：（0451）87900279

前　言

经济发展对财经类人才提出知识复合化、素质全面化、能力综合化的新要求。在教学过程中，应针对当前经济学专业实践教学中存在的不足之处，以培养能满足经济社会发展需求的高层次应用型人才为目标，基于协同创新视角构建面向未来、需求导向型的实践教学体系，并从教学体系优化、教学方法与手段改革、教学平台构建等方面加以改进和提升。

面对新形势，具有较强理论性而职业指向并不具体的经济学专业，需加强实践教学，进一步提升学生的创新意识和实践能力。

从现状来看，大多数学校特别是地方高校都将实践教学纳入经济学专业人才培养体系中，把实践教学环节作为学生必须完成的教学任务。通过电话访问和实地调查等方式，发现一些高校特别是师范类高校经济学专业的实践教学仍较为薄弱，学生对实践课程设计、实验室建设、校外实践基地等方面并不十分满意，需要加以改进和提升。

在推进"大众创业、万众创新"的新形势下，培养和提升创业创新意识和能力是实践教学的重要方向，因此，在培养目标、学科要求、能力培养等方面，需要不断创新观念，把真正能提升创业创新意识的实践课程、训练项目、课程设计等纳入教学体系，注重社会需要与行业规范，并体现出时代特色与区域经济发展的需求。将新技术、新知识及其相关实验内容及时纳入实践教学之中，确保实践教学内容始终与科学技术发展同步、与经济社会的需求相适应。

一是运用现代先进技术，优化校内实验教学基地。运用网络技术和计算机特别是远程处理技术，实现实验室内、外部信息共享，提高校内实验室的利用效率。不断完善实训基地运行机制，实行集中与分散管理相结合，设置专职机构，明确管理职责，对实训基地建设进行统一规划、管理和协调，完善基地与项目管理制度，实现管理的规范化、科学化。二是拓展校外教学实践基地建设，根据实践教学需求和区域经济发展现状，按照"宁缺毋滥"的原则，对实践基地进行动态调整，在适当增加教学基地数量的基础上，实现基地布局的优化。

目　录

第一章　现代经济理论概述 ·· 1
　　第一节　现代企业经济的几个基本理论问题 ·· 1
　　第二节　现代经济周期理论的历史审视 ··· 3
　　第三节　现代演化经济学理论研究新进展 ·· 12

第二章　现代经济增长理论 ·· 20
　　第一节　现代经济增长理论误区 ·· 20
　　第二节　"蛙跳型经济增长"理论的研究思路 ··· 25
　　第三节　现代演化增长理论的兴起、现状与未来 ····································· 28

第三章　现代经济发展与就业的理论 ··· 35
　　第一节　新时代企业就业与经济发展 ··· 35
　　第二节　经济发展与就业的一般关系 ··· 38
　　第三节　经济发展和扩大就业间的互动模式 ··· 45
　　第四节　就业在社会经济发展中的优先地位 ··· 48
　　第五节　知识经济与就业方式多元化 ··· 50

第四章　产业经济的理论 ·· 54
　　第一节　我国产业经济及其发展 ·· 54
　　第二节　产业经济发展新趋势 ··· 57
　　第三节　产业经济与公共政策 ··· 60
　　第四节　产业经济协调发展机制 ·· 62

第五章　区域经济的发展理论 ··· 67
　　第一节　我国区域经济理论的形成与演进 ·· 67
　　第二节　区域经济创新与区域经济发展 ··· 74
　　第三节　区域经济发展差异及其原因 ··· 76

  第四节 区域经济协调发展机制 ·· 79

  第五节 人才战略与中国区域经济发展 ·· 82

第六章 循环经济的发展理论 ·· 85

  第一节 循环经济的概念 ·· 85

  第二节 我国循环经济的实践与探索 ·· 87

  第三节 大力发展循环经济的难题与对策 ·· 92

  第四节 财税政策扶持循环经济发展 ·· 96

  第五节 循环经济下的环境管理 ··· 100

第七章 经济学专业理论与实践教学的理论研究 ··· 104

  第一节 中国古代经济的教学 ·· 104

  第二节 我国西方经济教学 ·· 111

  第三节 经济法学教学的改善 ·· 114

  第四节 产业经济学教学 ·· 116

  第五节 宏观经济学教学 ·· 119

第八章 经济学专业理论与实践教学模式研究 ··· 125

  第一节 微观经济学生态教学模式 ·· 125

  第二节 经济学专业教学模式 ·· 128

  第三节 线上教学模式及经济效应 ·· 132

  第四节 经济博弈论混合式教学模式 ·· 135

第九章 经济学专业理论与实践教学创新研究 ··· 139

  第一节 微观经济学原理混合式教学 ·· 139

  第二节 经济法翻转课堂教学 ·· 145

  第三节 经济管理专业教学 ·· 148

  第四节 国际经济学课程 PBL 教学 ·· 152

参考文献 ··· 159

第一章 现代经济理论概述

第一节 现代企业经济的几个基本理论问题

随着经济的不断发展,现代企业中的经济分析占据着越来越重要的地位,做好经济分析是企业内部经济管理工作的重要内容,并逐渐成为现代企业所关注的焦点,因此,对现代企业经济分析进行研究探讨具有一定的现实指导意义。本节结合企业实际,着重分析了在现代企业经济分析中存在的基本理论问题,并在此基础上探讨了解决方法,以期提高现代企业经济管理工作水平。

在新的社会形势和经济发展体系下,我国企业迎来了新的机遇和挑战,不仅要面对国内同行企业的竞争,更要面对国际化环境下外来企业的冲击,企业要发展,离不开现代化经济管理工作,而经济分析则是经济管理工作中的核心内容。因此,现代企业提高自身的经济分析能力具有十分重要的意义,直接关系着企业的发展前景和赢利目标。

一、现代企业经济分析中存在的基本问题

目前,我国现代企业经济分析工作中还存在着很多需要解决的问题,其具体表现如下:

(一)经济观念滞后

在企业发展中,大多数领导者都没有意识到经济分析起到的作用,忽视了经济分析的重要性,往往将重点放在生产和经营方面,难以体现经济分析的实效性和价值。再加上企业经济管理方面,领导层没有进行细分管理,而是由主管或部门经理进行分析工作,一定程度上制约了企业的经济发展。

(二)企业制度不健全

缺乏健全的企业经济制度在很大程度上限制了现代企业的经济分析工作开展。目前我国现代企业经济制度尚缺乏一定的建设水平,局限性问题日益凸显,导致经济分析没有一个明确的目标,长期处于混乱状态。企业各部门之间缺乏沟通与交流,对各财务岗

位的工作人员没有制定明确的责任机制，导致经济分析起不到实质性的作用。

（三）经济模式单一

企业经济模式单一是制约现代企业经济分析工作的瓶颈，目前我国大多数企业经济分析和管理模式比较单一，长期受传统理念的束缚，在短时间内无法摆脱旧经济体制的影响，在新的社会体系和经济环境中，不利于企业竞争实力的提升。

（四）缺乏系统分析

在现代企业经济分析工作中，缺乏一定的系统性。存在着追求经济最大化、盲目扩大规模的经营理念，没有对企业自身经济规模和实力进行系统、深刻的分析，常常出现以偏概全、好高骛远的情况，没有将企业的长远计划和战略发展考虑进去，难以适应现代企业经济发展的需求。

二、实行现代企业经济分析的意义

经济分析是指经济学中所采取的分析方法体系，它借助生产者利益优化模型进行边际效益分析，其结果是在活动水平上进行财务方面的核算，如计算现金流量、核定资产平衡状况以及编制现金流平衡表等。从内容性质上可分为系统性经济分析、专题性经济分析、单向性经济分析；从涉及范围上又可分为部门性经济分析、法人性经济分析及局部经济分析；从领域大小上又有宏观和微观经济分析之分。在现代企业中实行经济分析是一个重要的理论课题。长期以来，我国大部分企业都认为经济分析是认识经济活动的一种方法和手段，其主要目的是为了延伸和完善企业经济核算，这种经济观念也是导致我国现代企业经济分析具有局限性的主要因素。随着改革开放的不断深入，经济迅速发展，对企业经济分析提出了事前和事中分析的要求，以便于对经济活动进行科学预测和决策，因此，现代企业领导层要对经济分析工作有一个全新的认识。

三、提升现代企业经济分析能力的策略

我国现代企业经济分析工作不能仅仅作为事后理论的根源和依据，而是要在主观和客观因素的影响下，对企业生产、经营活动以及影响企业经济效益的各个方面进行科学、系统、深入的分析。

（一）有针对性地进行经济分析

现代企业经济分析过程中，要以生产经营活动为基础、以战略规划为重点。其原因在于，只有通过对正在进行或已经进行的生产经营活动进行分析，才能找出企业生产经

营的发展趋势和目标，从而意识到生产经营的不足之处，以便提出改进措施，为企业未来的发展规划奠定基础。因此，企业的生产经营活动要作为经济分析的核心内容。分析企业以往的生产经营活动是对企业做出科学决策的先决条件，而有效的决策则是企业实现赢利目标的关键，由此可见企业经济分析的重要性。

（二）建立新的经济理念

科学、先进的经济理念是促进现代企业经济发展的前提条件。在现代企业经济分析工作中，领导层要率先意识到经济分析的重要性，重视经济分析在企业发展中的职能和作用，转变传统的经济理念，树立现代化经济意识。同时也要具备危机意识和战略眼光，制定企业经济目标，从而在市场竞争中具备一定的全局观念。

（三）健全企业经济制度

健全的企业经济制度是确保企业经济分析实效性的重要前提。对于企业而言，必须在全面分析、综合考虑的情况下，结合企业生产、经营、管理的实际需求，制定科学合理的经济制度，并在企业日常经济活动中有效实行，不断调整制度相关内容，进一步明确经济分析的义务和职能，提升经济分析的具体操作性。

（四）提高经济分析能力

在现代企业发展过程中，经济分析能力直接关系着企业经济管理工作的效果和企业的经济发展，有效进行经济分析能起到事半功倍的成效，因此必须要提高企业的经济分析能力，由以偏概全的粗放式分析转变为科学系统的集约型分析，实现与外部经济环境的交会和接轨。集约型经济分析的基本特点是通过提高企业的经济分析能力，实现生产要素和经营规模的稳健提升，从而实现企业经济增长的目的。

在现代企业中实行经济分析对企业的未来发展具有十分重要的意义和价值。企业领导层要率先改变传统的经济理念，并意识到经济分析的重要性，建立有效的经济制度并将其应用到企业生产经营和日常经济活动当中。通过科学有效的经济分析，企业在发展过程中面对困境和挑战时能有条不紊地出台一系列决策，及时解决难题，提高现代企业的经济效益，促进企业健康、稳定、可持续发展。

第二节　现代经济周期理论的历史审视

对于经济周期波动现象的形成机理，不同经济周期理论从差异化视角进行了解读。本节沿着经济周期理论的发展脉络，回顾了 20 世纪 30 年代大萧条以来经济周期理论的演进历程，对五种主要的现代经济周期理论的产生背景和主体思想进行了考察。研究发现：不存在严格意义上的"通论"，经济周期理论只在特定历史背景下才有解释力，其生命力的保持有赖于理论的不断创新与发展；虽然在经济波动的形成机理上，不同经济周期理论的观点不一，但是西方现代经济周期理论逐渐从对立走向融合；20世纪90年代以来出现的新兴的新古典经济学为市场经济条件下的宏观经济政策调控体系提供了理论依据[1]。

自1825年英国爆发世界上首次经济危机以来，对经济周期波动现象的研究就成为宏观经济研究的核心主题。经济学家总是希望通过对经济周期波动现象一般规律的探寻，发现经济波动及其周期性的成因，进而提出熨平经济波动的有效政策建议。由于所处时代特征、立场和研究方法不同，在经济波动研究中形成了迥异的理论解释。阿诺德将20世纪30年代大萧条以来的经济周期理论划分为五大流派，即传统凯恩斯经济周期理论、现代货币主义经济周期理论、理性预期学派经济周期理论、实际经济周期理论和新凯恩斯经济周期理论。本节旨在通过考察上述五种经济周期理论的产生背景和在经济波动形成机理上的认知差异，深化学术界对市场经济条件下经济波动现象的认识，进而为完善我国宏观经济政策调控体系提供有益的理论参考。

一、五种经济周期理论解释

这部分将沿着经济周期理论的发展脉络，对大萧条以来主要的西方经济周期理论形成的历史背景、基本思想和对政策有效性的认识逐一概述，旨在为后文研究奠定良好的理论基础。

（一）传统凯恩斯经济周期理论

1929—1933年间，主要资本主义国家爆发了规模空前的经济危机，伴随着工业生产和国内生产总值的大幅度下降，失业率急剧攀升。面对这场史无前例的经济危机，新古典经济学既在理论上难以解释，又无法提出切实可行的政策建议。在这种形势下，凯恩斯经济学应运而生。在1936年出版的恢宏巨著《就业、利息和货币通论》中，凯恩斯（Keynes）对经济周期波动问题进行了专门论述。

凯恩斯认为，经济社会的产出（或就业水平）决定于有效需求，有效需求包括消费需求和投资需求。消费需求的变化受制于边际消费倾向递减规律，投资需求受"流动偏好状态"和"投资边际效率"的影响。由于边际消费倾向和流动性偏好在短期内相对稳定，真正对经济运行产生较大影响的是投资边际效率变动，而投资边际效率不稳定的根

---

[1] 陆大道，杜德斌. 关于加强地缘政治地缘经济研究的思考 [J]. 地理学报，2013，68（6）：723-727.

源是资本家错误的心理预期。可以看出，凯恩斯对经济波动成因的论证是按照"生产相对过剩—有效需求不足—投资冲击—投资边际效率变动—企业家对景气循环的不稳定预期"的逆向逻辑思维铺展开的。由于工资刚性与价格刚性的存在，自由市场的失衡会持续下去，从而出现剧烈的经济波动，适时、适度的干预是必要且有效的。但是依靠货币政策的补救方法并不能解决实际问题。由于名义工资刚性，只有实施扩张性的财政政策，均衡产出和均衡价格才会同时增加，出现菲利普斯曲线所描述的通货膨胀和失业负相关的情形。

（二）现代货币主义经济周期理论

传统凯恩斯经济周期理论所倡导的扩张性财政和货币政策虽然起到了刺激经济发展、缓和经济衰退的作用，但也引发了长期持续的通货膨胀。20世纪60年代后期，美国的通货膨胀急剧发展，以至于到70年代初，出现了经济停滞和通货膨胀并发的"滞胀"局面。凯恩斯经济学主张在应对失业时实行扩张性财政和货币政策，在应对通货膨胀时实行紧缩性财政和货币政策。面对滞胀问题，凯恩斯经济学显得束手无策。在这一背景下，以米尔顿·弗里德曼为代表的现代货币主义学派异军突起，成为当时最具影响力的经济学派。现代货币主义经济周期理论的主要观点集中于弗里德曼与施瓦茨（Friedman and Schwartz, 1963）的合著《美国货币史（1867—1960）》和弗里德曼的演讲稿中。

弗里德曼与施瓦茨研究发现，1867—1948年间，除1873—1879年、1892—1894年、1907—1908年、1920—1921年、1929—1933年、1937—1938年这六个时段外，美国的货币供给量均呈上升态势，而这六个货币供给量绝对下降的时期恰巧又是美国历史上明显的衰退期。他们大胆推测，经济不稳定可以从货币供给量的变动上寻求答案。根据现代货币数量论，流通中的货币数量的变动同名义收入的变动有着一致的关系，货币需求是实际收入、财产性收入与持久收入等少数几个变量的函数。在短期内，货币需求相当稳定，货币供给却可能因为货币当局的操纵剧烈变动。货币存量变动起初并不直接影响收入水平，而是造成资产价格或一般商品相对价格变动。当经济主体发现所持有的资产偏离意愿水平时，他们会进行相应的调整。资产调整行为最终会延伸到商品市场，导致非金融资产投资和服务需求扩张。由于对价格的预期是适应性的，人们将只注意到工资的上涨，而未觉察到价格的变动，即受到"货币幻觉"的欺骗做出错误的经济决策，带来产出与就业的暂时增加；当"货币幻觉"为人们所了解，经济社会的产出和就业就会下降，恢复到正常水平。因此，弗里德曼认为货币政策最好能够保持稳定，使得政府对宏观经济的影响降至最低，确保经济不会偏离稳态增长路径。

（三）理性预期学派经济周期理论

20世纪70年代，资本主义国家陷入长期的滞胀困境，战后流行多年的凯恩斯经济理论和政策发生了危机，与凯恩斯学派相对立的现代货币主义的经济理论和政策在扭转滞胀局面时也没有发生奇效。在这一背景下，以卢卡斯、萨金特为代表的年轻学者从现代货币学派中分离出来，成立了理性预期学派。理性预期学派的观点集中于卢卡斯《预期和货币中性》（1972）、《经济周期模型》（1975）、《对经济周期的理解》（1977）和《经济周期理论中的方法与问题》（1980）等著作中。

理性预期学派努力恢复新古典经济学的理性原则和均衡分析，试图建立一个以理性预期为特征的经济周期理论，重新解释经济周期波动现象。卢卡斯研究发现，在资本主义的历次经济波动中，货币供给量与价格的变动总是先于产出波动，因此与货币供给量和价格相关的某些因素可能是经济波动的成因。他假设经济中存在两种冲击机制，一种是对一般价格构成影响的总体冲击，另一种是对单个市场价格构成影响的相对扰动。在一个物价水平经常变化的经济社会，厂商需要预判价格水平的上涨是局部性的还是全局性的。由于信息不完全，厂商往往混淆一般价格水平和相对价格的变动。假设在政府操纵下出现了货币供应量的意外增加，价格水平出现一定幅度的上涨，此时由于厂商往往无法准确判断价格上涨来自一般价格水平还是相对价格水平的变动，可能会将一部分未预期到的价格上涨误认为是相对价格的上升，于是增加投资，扩大生产规模。一旦厂商意识到上述错误并进行调整时，经济就从繁荣走向萧条。因此，经济稳定政策能够生效的前提是政府可以出其不意地实行某种政策以影响经济生活。但在理性预期环境中，经济主体会按照理性方式形成他们对未来经济事件的预期，政府政策变化产生的影响比政府部门预测的影响小得多。

（四）实际经济周期理论

20世纪70年代初，卢卡斯（Lucas）将理性预期的思想运用于货币经济周期模型，建立了均衡经济周期模型。在卢卡斯研究的基础上，基德兰德和普雷斯科特引入对生产率的随机冲击，证明了可以建立基于市场出清假设的非货币经济周期模型。虽然只是引入了外生生产率冲击，但是理论模型的数值模拟结果与经济波动的特征事实匹配得几近完美。他们的开创性研究也被理论界称为实际经济周期（Real Business Cycle，简称RBC）理论。

RBC理论的倡导者认为，经济波动是一种纯粹真实的现象，它来自实际因素扰动，特别是技术冲击。技术冲击引发了全要素生产率的随机波动，造成总量生产函数的波动，进而改变工资和利率等经济变量的相对价格。面对持续的技术冲击所引起的相对价格变动，理性经济主体会针对这种波动最优地调整劳动供给和消费决策。这种动态调整行为会造成产量、就业等宏观经济变量表现出周期性波动的性质。由于经济波动是理性经济主体对外界环境变动做出的最优反应，也就不具备帕累托改进的余地。因此，经济稳定政策没有存在的必要，政府干预会适得其反。早期 RBC 模型中大都没有考虑货币因素，这倒不是因为实际经济周期理论研究者认为货币是多余的，而是在他们看来货币因素对实际变量的影响可以忽略不计。

（五）新凯恩斯经济周期理论

传统凯恩斯经济周期理论将宏观经济波动与名义刚性或实际刚性相联系，却没有解释价格和工资为什么具有刚性，传统凯恩斯经济学这一致命弱点遭到了新古典经济学家的严厉批评，使得新古典宏观经济学在 20 世纪 70 年代以后再次崛起。缺乏微观基础的凯恩斯经济学与形式精美的新古典经济学相比相形见绌。80 年代以后，这种情况有了根本改观，在 Fischer、Phelps 和 Taylor 等人研究的基础上，一些美国中青年学者在动态随机一般均衡分析框架中将货币冲击、刚性嵌入与市场不完全理念融合，构建了新凯恩斯经济周期理论，渐有取代新古典宏观经济学之势。

新凯恩斯经济周期理论认为，RBC 理论并未对经济波动提供经验上的似乎在理的解释。RBC 理论断言，经济波动的主要诱因是技术冲击，但是以 Solow 剩余衡量的技术冲击作为经济周期波动的主要冲击源的说法一直饱受争议。虽然新凯恩斯经济周期理论研究者认为经济系统的周期性波动应当被视为供需多种因素共同作用的结果，但是何种冲击机制是经济周期波动的主要冲击源尚无定论。另外，经济周期理论研究中真正重要的问题不再是波动根源是什么，而是经济系统对冲击如何反应。由于工资黏性和价格黏性，各类市场处于非均衡状态，即使考虑经济主体理性预期的存在，审慎干预的经济政策也是具有积极意义的。换句话说，在短期内，市场机制不健全使得经济系统会偏离均衡状态，但在长期内，市场机制仍然是调节经济结构和促进经济增长的最优机制。

二、经济周期理论的比较

不难看出，经济周期理论的形成与发展都是从资本主义社会经济运行中出现的新现象出发，寻找经济波动现象的理论解释和政策应对。不同经济周期理论的分歧主要体现在对以下三个问题的认知上，即经济周期的性质、经济周期波动的形成机理及政府应当制定和实施何种经济政策以稳定经济。这一部分将以新凯恩斯经济周期理论为参照系。

（一）新凯恩斯经济周期理论与传统凯恩斯经济周期理论

传统凯恩斯经济学和新凯恩斯经济学都主张政府干预经济运行，认为经济稳定政策有助于熨平宏观经济波动，保障经济平稳健康地发展。但是，无论是在理论的成熟性和形式逻辑完美性上，还是在对现实经济的解释力上，新凯恩斯经济周期理论都优于传统凯恩斯经济周期理论。

首先，在传统凯恩斯经济学中有经济增长理论和经济周期理论之分，前者研究长期问题，后者研究短期问题。新凯恩斯经济学则反对这种对经济运行人为划分的做法，认为无论是在长期内还是短期内，决定经济的因素是相同的，二者是同一基本过程中的两种表现。其次，传统凯恩斯经济周期理论虽然认为不稳定的投资是经济周期波动的内生冲击，乘数-加速数机制是投资冲击的核心传导机制，但它只是从一般意义上探讨了经济周期波动现象，数量分析工具制约了传统凯恩斯经济学的深入展开。新凯恩斯经济周期理论不仅丰富了经济周期波动的来源，而且提出了劳动合同论、菜单成本论、交错工资（价格）调整论、隐性工资合同论、效率工资论和成本加成定价论，为工资黏性和价格黏性探寻到了现实微观基础。再次，传统凯恩斯经济周期理论虽然建立在国民收入决定理论基础上，经济变量之间的相互关系是检验设定的，采用传统的计量经济模型进行政策分析与评价，但是其联立方程组模型在设定时并不是严格依据理论得到行为方程，而是利用了最终得到的变量之间的相互关系，模型的参数会随着外部条件的变化而变化，影响政策结论的稳健性，即难以回应"卢卡斯批判"。新凯恩斯经济周期理论采用DSGE模型分析框架，动态随机一般均衡与理性预期理念的植入可以很好地描述微观经济主体在不确定环境下的最优行为决策，具有坚实的微观基础；另外，DSGE模型不仅对经济主体的最优行为策略方式及各经济主体决策间的相互关系有着清晰的描述，而且对经济的长期均衡状态及短期的动态调整过程都进行了细致的刻画，从而使长期分析与短期分析得到了有机结合。最后，围绕传统凯恩斯经济周期理论中工资黏性的争议从来没有中断过，著名的邓洛普-塔斯批判和主要资本主义国家长期"滞涨"局面都是传统凯恩斯经济学无法解释和应对的。

（二）新凯恩斯经济周期理论与现代货币主义、理性预期学派经济周期理论

主张国家干预的新凯恩斯经济周期理论和主张自由放任的现代货币主义、理性预期学派在对经济周期波动现象的认识上存在根本的分歧。虽然直观的理论比较无法做出孰优孰劣的直观判断，但就对现实经济的解释力而言无疑是新凯恩斯经济学更胜一筹。

首先，在现代货币主义和理性预期学派思想形成的20世纪五六十年代，经济增长与经济波动研究是分立的，人们运用两种截然不同的宏观经济模型对二者加以研究。用于长期趋势分量研究的新古典增长模型强调人口增长、资本积累和技术进步，考察短期经济波动的凯恩斯主义经济模型则注重投资与消费的相互作用，而忽视资本积累与技术。现实中有增长无周期与有周期无增长的现象为当时的宏观经济研究提供了经验支持。新凯恩斯主义经济学家整合以上两方面的研究，在统一的 DGSE 分析框架中有效地融合了增长与波动研究。其次，现代货币主义和理性预期学派认为，经济周期波动的主要冲击机制是货币当局制定的不规则货币政策，而货币供给与产出间的关系一直存在争议。根据对 1867—1960 年间美国货币史的研究，Friedman 和 Schwartz（1963）得出了货币供给是经济波动的主因，且前者对后者有长期且可变的滞后影响的结论。Tobin 认为统计关系并不等同于因果关系，总产出的波动是引起货币增长率波动的原因，而不是相反。Sim 采用 VAR 方法佐证了 Tobin 的观点。另外，现代货币主义和理性预期学派都认为市场机制是完善的，充分就业的经济均衡在任何时期都能自发的实现。经济波动现象只不过是当货币供给量意外变动时，由于信息机制不完全，经济主体混淆了一般价格水平和相对价格水平，由此导致了产出和就业的暂时调整。然而，现实经济生活中不仅工资刚性现象十分常见，价格信息也是相对公开和透明的，市场分割造成信息障碍的观点着实难以令人信服。再次，现代货币主义经济周期理论的基石是现代货币数量论，缺乏对微观经济主体行为的分析而建立的宏观结构模型自然无法回避 Lucas 批判。理性预期学派的经济学家则将动态的或自然的因素引入经济理论中，基本实现了 Lucas（1977）设想的宏观经济模型简洁、参数不随时间变化、易于估计等特点。作为理性预期学派思想的自然延伸，新凯恩斯经济周期模型是对 Lucas 批判的理想回应。最后，现代货币主义认为，扩张性财政政策可能会挤出私人支出，反而会造成经济不稳定。相反，货币政策在短期内可以起到刺激经济的作用，但是在长期内是中性的。理性预期学派认为，由于经济主体对未来的预期是理性的，可以预料到政策变化的后果，财政政策和货币政策都无法达到预想的效果。新凯恩斯经济学认可理性预期假设，但认为市场机制不健全、工资与价格的缓慢调整使得外部冲击具有真实效应，短期宏观经济需要的稳定仍然需要经济稳定政策来保障。

（三）新凯恩斯经济周期理论与实际经济周期理论

曼昆和罗默提供了一个划分宏观经济理论的标准，即考察各种理论对如下两个问题的回答：一是古典两分法是否失效，即诸如货币供给这样的名义变量的波动是否会对产出或就业等实际变量产生影响？二是经济是否具有重要的非瓦尔拉斯特征，即对不完全竞争、价格和工资黏性之类的考虑是否具有理论意义上的重要性？

显然，如果依照上述评判标准，RBC 理论与新凯恩斯经济周期理论恰好处于两个极端。前者对两个问题的回答都是否定的，因为在 RBC 理论中技术冲击和市场出清十分重要；后者对两个问题的答案都是肯定的，因为价格黏性必然使古典两分法失效，而不完全竞争和价格黏性对于经济波动的作用在新凯恩斯主义经济学家看来至关重要。从第一个和第二个问题出发，自然会衍生出第三个问题，即经济稳定政策是否有效？

RBC理论认为，经济波动是理性经济主体对外界环境变化进行的帕累托最优调整，并不是市场机制不完全所致，因此政府没必要实施经济稳定政策来熨平经济波动。新凯恩斯经济周期理论则认为，现实经济中市场机制不健全、价格与工资黏性等非瓦尔拉斯特征使总需求冲击具有真实效应。但是，新凯恩斯主义经济周期理论研究者更为笃信货币政策的作用，早期的新凯恩斯DSGE（New Keynesian DSGE，简称NK）模型主要用于货币政策分析与评价。在他们看来，短期名义利率的变化并不会带来期望通货膨胀率的即时变化，因此短期实际利率会改变。实际利率变动意味着储蓄的收益和资本成本的变化，影响经济主体的消费和投资决策，从而引发产出和就业变动。但是，长期看来，工资和价格有足够的时间调整，货币政策冲击并不会带来实际影响。另外，新凯恩斯主义经济周期理论研究者在财政政策动态效应上的分歧显然要比货币政策明显，政府支出与私人消费和投资存在挤入还是挤出效应至今尚无定论[2]。

到20世纪90年代后期，古典范式与凯恩斯范式趋于融合，RBC理论与新凯恩斯经济周期理论在外生冲击机制和内生传导机制的认识上基本达成一致，新古典主义与新凯恩斯主义之间的分界线日益模糊。对于这一融合，伍德福德称之为宏观经济学革命。融合了RBC理论框架的新凯恩斯经济周期理论又被理论界命名为"新兴的新古典综合"（New Neoclassical Synthesis，简称NNS）。动态随机一般均衡分析框架、理性预期和市场不完全性思想的植入，可以很好地帮助研究者理解经济主体如何在不确定环境中进行最优决策，以及解释现实中货币政策为何可以在短期内影响产出和就业。后续研究中，经过Smets、Wouter、Gail和Ireland等学者的纵向推进，NNS理论日趋成熟，并广泛运用于景气循环、政策评价与社会福利损失估算等领域。

三、可供拓展的研究方向

历经两百余年的探索，西方经济周期理论日趋完善，但作为一种复杂的经济社会现象，任何一种理论都难以完全解释或预测现实经济的周期性波动。因此，我们需要通过不断深化对经济运行的认识，更好地理解宏观经济运行状况。相关研究可以从以下三个方面深入展开：

（一）信息化社会下的黏性信息理论

无论是RBC理论和新凯恩斯经济周期理论，还是在二者基础上发展而来的NNS理论都有一个共同的隐性前提假设，信息是完全和均匀分布的，即公众可无成本地获取

---

[2] 李正.地缘经济地域系统关联结构理论与实证[D].东北师范大学，2014.

影响其未来收益的所有信息,而且基于上述信息对未来的判断是相当精准的。实际上,信息的获得是有成本的,这就是搜寻、吸收和处理信息过程中的时间成本和物质成本。Hippel将特定信息传输给信息搜寻者的信息成本定义为"信息黏性",并认为信息成本的存在阻碍了人们及时更新信息及在此基础上对经济决策的调整。

根据美国经济数据,Mankiw和Reis研究发现,所有市场中均具有信息黏性,约1/5的消费者每个季度更新信息,而为得到更全面的信息,大约2/3的企业每个季度更新信息。由于信息传播的时滞,嵌入黏性信息机制的菲利普斯曲线可以更好地呈现名义冲击发生后主要宏观经济变量的驼峰型特征和通胀惯性。信息爆炸时代的互联网和移动通信等正在影响和改变着我们的生活,是否可以考虑将黏性信息理念植入NNS理论,从而更好地解释信息化社会下的经济周期现象,这是未来值得深入研究的一个方向。

(二)金融经济周期

以上经济周期理论主要针对实体经济,而未考虑虚拟经济与实体经济的交互作用。始于2007年的全球性金融危机,信贷市场在次贷危机向经济危机演化过程中发挥的作用引发了学界的广泛关注。尽管凯恩斯经济学与新古典经济学在诸多方面存在认知差异,但二者都认同资产实际价格是由利率期限结构和未来支付预期决定、金融市场或信贷市场状况并不能影响经济产出的观点,即Modigliani Miller定理。然而,以MM定理为前提假设的上述两种经济理论都无法解释类似大萧条这样的严重经济衰退。

信贷市场对于实体经济是否存在影响?事实上,早在1933年,Frish就在局部均衡分析框架下对金融与信贷市场在经济周期波动中发挥的作用问题展开了初步探讨,他提出的债务型通货紧缩可以有效地解释1929年的大萧条。20世纪70年代兴起的不完全信息理论成功地将金融市场摩擦融入经济周期波动分析框架。1979年,Townsend关于最优风险信贷合约的理论奠定了信贷市场微观基础研究。Bernanke、Gentler、Bernanke、Gentler和Gilchrist也认为信贷和金融市场具有放大外生冲击的作用,并初步模拟出了金融加速器效应,但此类理论模型无法生成与实际经济相一致的周期波动特征,使得金融经济周期理论研究在很长一段时期陷入了停滞状态。近年来,虽然部分学者试图通过引入银行中介部门,更好地研究金融冲击、金融摩擦与经济周期波动的关系,但也未取得很好的效果。金融冲击的诱发机制是什么、金融冲击如何在金融摩擦下对经济运行产生影响等问题有待深化研究。

(三)全球化视野下和发展着的经济周期理论

由于经济运行具有鲜明的时代特征,经济周期波动现象往往有着不同的表现形式。出于对经济周期波动特征和内在规律性的不同认识,国外学者在经济波动理论研究中形成了迥异的理论解释、研究方法和政策建议。也就是说，并不存在可以对所有经济波动现象做出合理解释的"通论"，任何一种理论的解释力都与特定的历史背景有关。因此，经济周期理论也要与时俱进，随着时代的发展不断创新与完善。

另外，虽然经济周期波动是市场经济条件下的普遍现象，但是不能不考虑经济制度或经济体制对宏观经济运行的影响。由于专注于解释资本主义国家经济波动现象，西方现代经济周期理论基本上都是在一个既定制度前提——"私有制市场经济"下建立和发展起来的。但是，目前中国的经济体制既不是传统计划经济的自然延伸，也不是完全的市场经济，而是处于旧体制向新体制过渡的转轨时期。在"西学东渐"的过程中，不能简单地采取"拿来主义"，而是应当根据转型期中国的现实背景，对成熟经济周期理论的假设前提和约束条件进行合理修正。因此，我们不仅应当运用历史和辩证的眼光看待西方现代经济周期理论，而且应该注重对中国特色社会主义市场经济周期理论的创新与发展。

第三节 现代演化经济学理论研究新进展

自从纳尔逊（Nelson）和温特（Winter）的开创性工作以来，现代演化经济学的发展与复兴已历经几十年，经济学中有关演化主题的研究日益增多。一些经济学家甚至认为，经济学的研究范式应该从过分机械的均衡分析转向基于复杂系统的演化分析，而演化经济学也可能在未来日渐成为主流的研究范式。现代演化经济学基础理论研究的最新进展，分别涉及个体行为假设、演化经济学方法论、演化经济学数理模型（演化博弈模型和主观博弈模型）以及共同演化理论等领域。可以预见，未来演化经济学与新古典经济学的互动和交流将更加频繁，演化分析与均衡分析的范式融合将更加紧密。

从 20 世纪 80 年代起，以纳尔逊和温特为代表的新熊彼特主义掀起了演化经济学复兴的浪潮。通过对 Econlit 数据库中经济学文献的统计，希尔瓦（Silva）和泰克希拉（Teixeira）发现，在过去 50 年有关演化的经济学文献中，90% 的文章是 1990 年以后发表的。在过去的 30 多年里，演化经济学的发展速度尤为迅猛，经济学中有关演化主题的研究日益增多。尤其是金融危机以来，由于过分追求形式逻辑而导致理论的基本假设和推导都远离现实，主流经济学均衡分析的有效性受到越来越多的质疑。一些经济学家甚至认为，经济学的研究范式应该从过分机械的均衡分析转向基于复杂系统的演化分析，而演化经济学也可能在未来日渐成为主流的经济学。本节尝试梳理演化经济学基础理论研究的最新进展，并进一步展望未来的研究方向。

一、有关个体行为假设研究的新进展

较之新古典经济学对个体利己偏好的假设,演化经济学尝试论证利他偏好的存在性。有关个体利他行为的研究主要集中在新近兴起的群体选择理论和多层级选择理论上。这些研究认为,纯粹利他行为的演化只能在群体选择的视角下得到解释,群体内部的差异性决定了个体选择的力量,而群体间的差异性决定了群体选择的力量。在许多情况下,群体内部和群体间都存在差异性,个体选择和群体选择同时存在,只有当群体选择的力量大于个体选择力量时,纯粹利他行为才能被选择出来。因此,较之于传统的群体选择理论,新近的群体选择理论认为,并非所有"有利于群体的特征"都能够在群体选择的作用下得到演化,只有当群体选择力量大于个体选择力量时,这些特征才具有足够的适应度而被选择出来。正如惠特曼(Whitman)所指出的,新群体选择理论与传统群体选择理论的区别是,前者承认群体选择是有条件的,尤其是当个体选择力量与群体选择力量相反时,必须具备一定的条件,才能保证群体选择能够克服个体选择的力量,支持那些有利于群体却不利于个体的利他主义特征演化。因此,群体选择必须详细考察群体内个体间的差异与群体间的差异,并对比这两种差异性。

近年来,随着认知科学的发展,借鉴认知科学中有关人类行为的研究,已经成为演化经济学理论发展的重要流行趋势。研究表明,个体理性既受先天生物遗传基因的影响,也受后天个体心理发展和社会文化制度的塑造,"生物演化""个体心理"和"社会文化"等维度共同作用决定了个体理性的内涵和外延。因此,个体不可能具有新古典经济学所假定的不受认知约束的完全理性;相反,它是受上述三个维度约束的有限理性。进一步来说,个体的行为特征是多样的,它取决于个体对某种决策场景的认知状态,它既可能是无意识的规则遵循,也可能是有意识的算计决策。演化经济学主要集中研究个体的学习行为。根据个体意识的强弱,布伦纳(Brenner)将个体的学习行为归纳为三类:一是无意识的学习,包括强化学习和参数化的自动学习;二是较弱意识的模仿学习行为;三是较强意识的信念学习,包括虚拟行动、随机信念学习、贝叶斯理性学习、神经网络学习和经历加权吸引模型。

二、演化经济学方法论的发展

近年来,许多经济学家认为,演化经济学的方法论既不是新古典经济学所强调的个体主义方法论,也不是传统演化经济学所认为的整体主义,而是个体与整体之间的互动主义。霍奇逊(Hodgson)认为,任何社会经济现象都不能仅仅由原子式的独立个体来解释，还必须包括个体间的互动关系（制度），而这些关系的存在和变化是不能完全由个体的微观动机来解释的。换言之，不能仅仅从个体的目的性行为去推导制度的发生和演变，也不能仅仅从结构功能的视角去解释制度的发生和演变。个体与制度之间不能彻底地还原或转换。因此，在社会经济系统中，个体与制度也是共同存在的，它们构成经济学认识论上的二重本体，即个体和制度是共生的，不能抛开制度谈个体，也不能抛开个体谈制度。基于此，霍奇逊强调，演化经济学的方法论应该是个体与制度的互动主义。这意味着一方面个体的偏好和行为决策受制度的塑造和影响，另一方面个体具有能动性能够选择或推动制度的演变，个体与制度之间存在相互反馈的关系。

随着演化经济学越来越重视对个体认知的研究，一些学者也坚持个体主义的方法论。但是，这种个体主义方法论不同于新古典经济学孤立、原子式的个体主义方法论，它不仅强调那些由文化演化生成的各种社会互动关系或社会结构在解释社会经济现象中的作用，还强调各种由生物演化而来的脑神经结构和个体心理发展形成的心理认知结构在解释社会经济现象中的作用。因此，这种个体主义方法论承认各种高于或低于个体的结构的存在及其解释功能，但是，它反对直接从这些结构来解释社会经济现象。相反，它认为，必须谨慎研究这些结构对个体行为的影响，并将这种内嵌于各种结构的个体行为作为理论研究的逻辑起点。因此，这种个体主义方法论不具体限定个体的偏好特征和行为特征。个体的偏好既可以是利己的，也可以是利他的；个体行动既可以是无意识的规则遵循，也可以是有意识的算计决策。在此意义上，这种"个体主义方法论"是不完全的，即社会经济现象不能仅仅通过个体的行动来解释，还必须包括个体间的互动关系，即个体的行动是内嵌于个体间的互动关系中。由于个体当下的行动内嵌于互动关系中，是互动关系作用的结果，它本身就无法解释互动关系产生的原因。

因此，正如霍奇逊所指出的，当前演化经济学方法论的一个发展趋势是，越来越重视从多层级互动的视角来解释经济演化现象[3]。

三、演化经济学模型的发展：演化博弈模型和主观博弈模型

尽管从理论发展脉络上看，演化博弈论和现代演化经济学是独立发展起来的，而且各自的分析方法也存在明显的差异。但是，许多学者都将演化博弈论视为演化经济学重要的建模工具。施密特（Schmidt）认为，演化博弈论被视为新古典经济学和演化经济学的交流和结合，它能够调和均衡理论和演化理论的范式冲突，也体现了主流经济学对演化经济学的吸收和接纳。维特（Witt）在一项有关演化经济学现状和未来的问卷

---

[3] 张丽君. 地缘政治让位于地缘经济[J]. 经济地理，2001，21（S）：33-38.

调查中发现，许多经济学家都认为，演化博弈是演化经济学未来最有发展前景的理论之一。

演化博弈论最为重要的运用领域是对制度演化的分析，这种分析主要将制度视为演化博弈的均衡结果。演化博弈论分析的思路可以简单概括如下：一是必须存在一个外生的博弈形式，它规定了博弈结构（如参与者集合、策略集合和支付集合）和关于博弈如何进行的规则。由于特定的技术和制度决定了特定的博弈结构和博弈规则，这种制度分析实际上是建立在某种外生不变的技术和制度前提下的。二是必须将支付函数转化为适应度函数。三是制度的演化过程主要涉及选择过程、变异过程和扩散过程。但是，为了便于建模，许多研究通常将选择过程和扩散过程视为统一的过程（如简单地复制动态模型和各种复杂的学习模型）。而且，所谓的变异过程也不涉及任何策略创新或扩展，它仅仅被描述为参与者在既定策略空间中策略的随机变动。四是从演化过程中推导出制度均衡解。较之经典博弈的制度均衡解，演化博弈的制度均衡解通常更具有稳健性，包含能够经受孤立突变的演化稳定均衡、能够经受连续突变的随机稳定均衡、连续稳定策略均衡、演化稳定临近入侵者策略均衡等各种均衡概念。

尽管当前流行的演化博弈论能够在一定程度上解释制度生成问题，却很难解释制度的内生演化问题。在演化博弈论中，制度演化是由外生环境引起的（如外界的随机干扰或参数的变化），制度从某一种均衡状态演变到另一种均衡状态，需要一个动态的调整过程，制度的收敛需要一定的时间。因此，即便是演化博弈论，它对某项制度演化的解释实际上是诉诸博弈的外生变化，即外生参数的变化导致一种博弈变成另一种博弈，而这两种博弈实际上是没有关联的，或者其内在关联是无法在其理论中得到阐释的。导致这种困境产生的原因主要源自演化博弈论自身的理论局限。演化博弈论假定参与者是在外生给定的博弈形式（game form）下进行博弈，并且都强调这种博弈形式是对博弈场景的客观描述，这导致其理论缺乏对参与者自身博弈形式演变的解释。即便是演化博弈，也只是在外生博弈形式下探讨博弈参与者是如何通过学习过程（或者复制者动态过程）而达至某种策略均衡，其理论不涉及参与者博弈形式的演化，即演化博弈并不研究参与者对博弈形式或博弈规则的学习，它仅仅研究参与者在既定博弈形式下对均衡策略的学习。这意味着参与者永远都不会去改变博弈形式，也包括参与者不会试验新的策略，即便新策略可能带来巨大的潜在收益。因此，尽管演化博弈模型比经典博弈模型更加开放，并且也包含许多策略频数演化的信息，但是，由于不关注参与者对博弈形式的学习和创新，演化博弈实际上是在一个固定博弈环境下，分析参与者如何通过长期学习对手的策略最终达至某些策略均衡。

近年来，许多学者认为，主观博弈论（Subjective games）或者归纳博弈论（Inductive games）能够较好地解释制度的内生演化问题，或许能够成为演化经济学建模最为重要的工具。较之演化博弈论，主观博弈论则更进一步，它不仅假设参与者不拥有博弈形式的全部客观知识，还进一步假设每个参与者对博弈形式的认识都是主观的，而参与者是在各自主观博弈模型下进行博弈，参与者不仅会在既定博弈形式下学习对手的策略分布，还会通过策略互动来学习主观博弈规则的知识，并且会通过创新策略来推动主观博弈形式的演化。因此，在主观博弈模型中，参与者存在两个层面的学习，即学习主观博弈形式和在既定主观博弈形式下学习对手的策略分布。

制度的主观博弈分析思路可以简单概括如下：一是所有的制度都是一种主观的认知均衡，即个体间重复运用各自的主观模型进行博弈达成的共享信念均衡，这种均衡具有较强的稳定性；二是只有当外部环境和内部环境的变化超过临界值时，大多数参与者采用原有主观博弈模型将无法产生满意结果，原有的认知均衡就会失衡，旧制度就不再适应新的环境，个体便进入认知模型调整或搜寻阶段；三是此时个体会依据各自的主观模型进行博弈，随着博弈的重复进行，个体间将不断协调和修正各自的主观模型，个体的偏好和策略集合等也随之发生变化，在满足一定条件的情况下，可能再次产生新的认知均衡，从而形成新的制度。

主观博弈论揭示了博弈中参与者对博弈形式的认知问题，为我们理解个体认知在制度生成和演化过程的作用提供了良好的视角，从而能够更加准确地描述制度演化过程中参与者的博弈行为。但是，主观博弈论还存在一定的局限。由于假定参与者面临的客观博弈形式是既定的，主观博弈论认为参与者在重复博弈中能够改变其主观博弈模型，但不能改变客观博弈模型。这意味着主观博弈论依旧基于相对固定的技术环境。但是，正如格雷夫（Grief）所强调的，重复博弈引起的各种累积效应可能会改变客观博弈的形式。因此，青木昌彦（Masahiko Aoki）认为，如何将客观博弈形式的变化纳入分析将是主观博弈论进一步发展的重要方向。这意味着主观博弈论不仅要能够分析制度的内生演化，还必须能够在一定程度上解释制度内生演化可能引起的技术内生演化，进而解释技术与制度的协同演化。如果这样，主观博弈论就能够更加准确地解释制度的内生演化，并且可以较好地调和均衡分析范式与演化分析范式的冲突，为我们理解经济演化现象提供较为统一的研究工具。

四、共同演化理论及其发展

共同演化理论是现代演化经济学的理论前沿，是现代演化经济学的重要进展之一。

在达尔文选择理论的基本框架下融合复杂系统理论，从单一层级的演化理论扩展到多个层级的共同演化理论。共同演化具有"互为因果关系""多层级和嵌入性""复杂系统""正反馈效应"和"路径依赖"等特征。这些复杂性的特征本身就彰显了其理论的研究难度。

近些年来，许多学者逐渐意识到，组织与其所处的环境是处于共同演化中的。如果仅仅将组织视为对环境的简单适应，而不考虑环境变化和组织行为变化之间的因果关系，就很难正确地理解组织的行为和绩效。列文（Lewin）和瓦兆达（Volberda）认为，组织与其环境的共同演化分析包括以下内容：一是运用纵向的时间序列来分析组织适应性变化；二是将组织的适应特征置于一个更为广阔的背景和社会环境中；三是明确考虑到组织微观演化和环境宏观演化的多向因果关系；四是考虑到组织的复杂性特征；五是路径依赖不仅在企业层面制约企业的发展，也作用于产业层面；六是考虑到制度系统不同层面的变化，并且企业和产业是内嵌于这些制度系统中；七是考虑到经济、社会和政治等宏观变量随时间的变化，以及这些变化对微观演化和宏观演化的结构性影响。

纳尔逊（Nelson）强调，技术和制度应该被理解为共同演化的，因为技术进步的速度和特征受支撑它的制度结构的影响，制度创新也是强烈地以新技术在经济体系中是否和怎样被接受为条件的。在纳尔逊看来，制度可以被理解为相关社会群体所掌握的标准化的社会技术，是一种协调联合操作（工作）的知识。这样一来，技术就不再是先前我们所理解的物质技术，还包括社会技术。纳尔逊进一步认为，在技术创新和扩散过程中，物质技术和社会技术是相互交织在一起的：物质技术的复杂结构需要一个团队来运用，而团队中的成员之间的行动必须相互协调，这就需要社会技术来支撑，使得成员间就如何有效理解和操作此物质技术达成共同认知。因此，新的物质技术的发展通常会带来新的理解、认知和规范等社会技术，而社会技术的发展同样也会给物质技术的发展提供新的机会和线索。

培利坎（Pelikan）描述了技术和制度的共同演化机制。他认为，技术变迁对制度的影响主要通过以下两个途径：一是有效利用新的生产方法或新的技术产品需要一个新制度来协调和提高成员间的新技能。这是一种典型的技术驱动型的制度创新模式。二是新技术可能会降低制度的实施成本，使原先无法实施或者实施成本过大的制度得以实施。这是一种成本驱动型的制度创新模式。同样地，制度变迁也会对技术产生影响。培利坎认为，主要有四种影响：一是组织的自由程度将影响各种可能的技术创新；二是制度会对技术创新产生激励；三是制度会对旧技术的黏性程度或消亡速度产生影响，会影响技术的创新和扩散速度；四是制度会影响技术选择的正确性。例如，某种好制度可能会引起有益的技术创新；反之，坏制度可能会引起有害的技术创新。

默尔曼尼（Murmann）将技术和制度的共同演化思想纳入产业动态分析中。通过对

1850—1914年英国、德国、法国、瑞典和美国等五国合成染料产业的比较研究，默尔曼尼探讨了国家产业、技术（新的合成燃料技术）和制度（教育体系、培训体系、市场体系、工业研究实验室）等共同演化过程，阐述了在不同国家背景下产业演化模式的差异，并且揭示了德国合成染料取得领先地位的两个重要因素：一是德国的国家、产业和市场等对技术创新具有很强的推动力。由于大学中的化学家是合成染料技术创新的关键性投入，一个国家的大学教育和培训制度会对技术创新产生较大的影响。在德国兴起的产业研究实验室模式能够较好地协调化学家为企业雇主工作，是一种良好的产学研联合制度。此外，德国成熟和规范的市场制度能够很好地将化学家供给和企业雇用需求、合成染料生产者和使用者等联系起来。二是技术的进步又会进一步推动制度创新。采取新技术的企业一旦获得较高的利润，就有激励推动上述制度的进一步创新，而制度创新也会继续推动技术创新。默尔曼尼认为，技术和制度的共同演化主要是通过企业群体和国家大学群体的互动来推动的。这种互动是通过三个反馈机制来实现的：一是员工的交换，即大学向企业提供化学家，企业员工接受大学培训；二是建立商业关系，即产学研合作模式；三是形成政治力量代表社会利益进行游说。例如，企业群体形成的国家产业联合会和国家大学群体都有激励从事政治游说、促使政府增加对大学化学家培养的资金投入。国家投入的增加使得德国化学家的供给量增加，从而减少了德国企业雇用化学家的价格，增强了企业的竞争力。

此外，共同演化理论的一个重要发展是越来越重视个体认知、技术与制度的共同演化。这方面研究的主要思路大致可以概括如下：一是个体认知或偏好内嵌于各种制度结构之中，所谓的个体理性是既定制度结构下的理性。二是技术创新也内嵌于各种制度结构之中，技术创新的速度和特征受支撑它的制度结构的影响。同样地，制度创新也强烈地以新技术的经济体系中是否被接受为条件。三是如果个体通过认知能力能够促使技术创新和制度创新，而后两者也会进一步改变个体的认知或偏好，促使三者共同演化，从而促进产业结构的变迁和经济增长。如果技术和制度进入共同锁定，个体的认知也可能被锁定，从而促进经济发展锁定在特定的路径中。四是个体认知、技术和制度的共同演化过程是一个复杂的内生过程，在此过程中，个体偏好、技术和制度的演化都可以得到内生解释。

五、未来研究方向展望

应该说，在过去几年里，演化经济学的基础理论研究取得了较大的发展。但是，演化经济学至今尚未形成一个较为统一的研究范式。如果说范式的多样性对于演化经济学发展初期而言是重要和不可避免的，它能够彰显其研究活力，但是当它发展到一定阶段时，就必须尝试建构一个能够促使各种范式互动和交流更为一般性的理论平台，这样才能进一步推动演化经济学的发展。演化经济学未来的理论研究方向可能集中在以下几个方面：一是演化经济学与认知科学的结合会越来越紧密，这会促使演化经济学提炼更为科学的个体行为假设，并且建立相应的行为模型；二是创建能够解释个体偏好、技术和制度协同演化的一般性模型将是演化经济学模型化发展的重点和难点，而更一般性的多主体模型（Multi-agent model）及其仿真模拟也是未来发展的重点；三是建构一种容纳"变与不变"或"均衡与演化"的理论体系将是未来演化经济学的理论前沿。可以预见，演化经济学的发展将越来越多地借鉴博弈论的研究成果，而后者的发展同样也需要吸收更多的演化思想。演化经济学家与新古典经济学家的互动与交流将更加频繁，对许多问题的共识也会越来越多，从而促使演化分析与均衡分析的融合更加紧密，形成较为统一的研究范式。

第二章 现代经济增长理论

第一节 现代经济增长理论误区

经济学作为一门研究经济运行规律的科学，最主要的课题自然是研究如何实现社会经济的长期稳定增长。由此发展起来的现代经济增长理论，已经成为主流经济学的一个重要分支。遗憾的是，现有的研究成果只能对若干社会经济现象做一些肤浅的解释，离解决实际问题相距甚远。笔者认为，根源在于研究方法存在一些误区。如能从这些误区中走出来，必然会使理论的发展迈向一个新的阶段。

误区之一：经济波动的原因

经济波动指社会经济的不稳定增长。较大的波动通常称之为经济危机。在现代经济增长理论文献中，稳定增长被称之为均衡状态。有不少学者试图通过建立数学模型求解均衡增长的路径和条件。不过他们都认为，由数学模型得到的结果只是对现实的高度抽象，能够满足那些条件的现实经济生活几乎是不存在的。事实上，经济波动只是供不应求或供过于求的一种反映。由成千上万的生产者和消费者组成的市场经济，很难避免供求脱节的发生。作为经济增长理论研究的重点不在于是否存在均衡增长路径，而是要寻求经济波动的原因，从而找到减缓波动的对策。

个别地区、个别部门的小范围波动是常有的事，可以看作是市场经济的正常现象，市场机制可以使这种波动在短期内消减。而涉及全社会的波动，则主要是错误的经济政策造成的。这要从商品生产所具有的两重性说起。商品的社会再生产过程是实物生产和价值生产过程的统一体。实物循环过程必须伴随货币循环过程。从全社会看，所有的生产者又都是消费者。他们必须通过市场把自己的产品卖出去，才能获得货币去购买别人的产品。当金、银等贵金属充当货币角色时，这种过程一般可以顺利进行。随着市场经济规模的扩大，产量有限的贵金属难以继续发挥流通手段的职能作用，因而导致金本位制的崩溃。取而代之的是纸币这种纯粹的信用货币。纸币不同于贵金属货币，它本身没有价值。纸币所代表的价值总量，只能是已经卖出的商品价值总量。在简单再生产的情况下,这两个总量可以保持一致,从而再生产过程可以顺利进行。而在扩大再生产的情况下,只有增发纸币才能保证再生产的顺利进行。扩大再生产面对的是未来的市场需求,具有一定的盲目性。当纸币增发量过大时,就会刺激生产者盲目扩大投资,同时也会刺激消费者的过度消费,导致社会生产过程的比例失调。当这种比例失调达到一定程度后,就会产生大范围的经济波动。金融部门对利润的盲目追逐,是大量增发纸币的动因之一;政府部门对刺激经济增长的政治需要,则是大量增发纸币的动因之二。可以说,经济波动是市场失灵和政府失灵共同作用的结果。

市场失灵需要政府的宏观调控措施,而政府失灵则需要政府正确的宏观调控措施。正确与否,关键在于把握尺度。不管是刺激政策还是紧缩政策,过头了就会起到相反的作用。什么是宏观调控依据的尺度,笔者认为最主要的是积累和消费的比例。在技术不变的情况下,经济增长主要依靠增加投资,而增加的投资只能来自积累。新增的国民收入中,如何确定积累和消费的比例,决定着经济能否长期稳定增长。最优的积累和消费比例,就是宏观调控的标尺。学术界提出不少计算最优比例的数学模型,有的依据一些由主观因素决定的参数,难以实际应用,有的计算过于繁杂,结果也不见得准确。最优比例应该是一个客观存在的数值,但我们只能得到它的近似值。因为我们所能得到的国民收入总量只能是一个近似的统计数值。其实,我们可以依据马克思的再生产理论,找到一个简便的方法。首先,最优比例应该是保证全社会消费增长率最优的比例。把一定时期内的经济总量或消费总量,或者是个人生命周期内的消费总量作为目标函数实际上都是不科学的。其次,要保证下年度消费增加一定比例,本年度第一部类就必须为第二部类生产相应的生产资料,而要保证下年度消费增加同样比例,第一部类就必须为了生产第二部类需要的生产资料而增加相应的第一部类的生产。按照这一思路,凡是具备初等数学知识的人,都可以列出计算最优比例的方程组。这个方程组需要的两部类生产的物资消耗系数、本年度新增国民收入总量和消费总量,都是可以通过现实的统计资料计算出来的。有了最优比例这个标尺,制定宏观调控政策就有了依据。当现实的积累和消费比例偏离最优比例,偏离多少,就采取多大力度的调控措施。

在确定最优比例的各种方法中,比较有名的是被称之为"积累黄金律"及其变种的方法。这是主流经济学赖以建立的边际分析方法的一个具体应用。且不说"积累黄金律"无法直接利用统计资料来计算,单就其推导过程所依据的一些假设条件来看,也都是没有实际意义的。一是资本和劳动的报酬率必须等于各自的边际生产率。所谓的边际生产率,就是资本或劳动一个不变,另一个变动所引起的产出变化。我们知道,资本和劳动必须按照一定的比例组合起来,才能形成现实的生产力。在各种可能的组合中,必然有一种最优组合，使生产能力达到最大。如果不是这个最优组合，资本或劳动的变化，自然会引起产出的变化，若是资本投入量低于最优组合的要求，增加资本的投入就会带来产出的增加，这显然不能看作是资本的边际生产率。劳动也是如此。事实上，资本和劳动的边际生产率也根本算不出来。在现实生活中，资本和劳动的报酬取决于双方力量的对比，让报酬率等于边际生产率只能是一种异想天开的假设。二是消费者的效用最大化。效用是一个无法量化的概念，消费者之间也缺乏可比性。所谓的以效用计量的社会福利总量，只是一个虚无缥缈的东西。以此为基础推导出来的结果，很难说有什么实际意义。主流经济学家试图把宏观经济学建立在微观经济分析的基础上，而微观分析的基本假设就包括以上两条。以这样两条不靠谱的假设所做的分析就不可靠。在此基础上进行宏观分析，那就更不可靠了。

误区之二：经济停滞的原因

经济停滞指社会经济长期处于简单的再生产状态。在有的文献中，把经济停滞归因于资本的边际报酬递减。认为不存在人口增长和技术变化时，递减的回报将最后遏制所有的经济增长。这种观点是错误的。因为资本边际报酬递减是一个伪命题。当资本投入低于资本劳动最优组合比例的要求时，增加资本投入的边际报酬有可能是递增而不是递减。在真实的历史过程中，存在人口增长的情况下，经济也有长期停滞的时期。原因在于技术进步未变化时的可利用自然资源的有限性。自然界中存在的限制因子定律，在社会生产活动中也在起作用。如果没有技术进步，那些数量有限的自然资源就会成为经济增长的限制因子。这是导致经济停滞的根本原因。比如在工业革命之前的农业社会里，耕地是最主要的生产资料。由于可耕地的有限性，以致农业社会被农作物的极限产量所制约，一遇灾荒便陷入发生动乱的恶性循环之中。只有依靠技术进步，才能扩大自然资源可利用的广度和深度，从而突破经济增长的瓶颈。

技术进步是经济长期增长的根本动因，这已成为全社会的共识。从有关文献中可以看到，如何建立一个技术进步内生化的模型，已经成为经济增长理论研究的重点，目的在于寻求通过市场机制推动技术不断进步的路径。笔者认为，这种思路是不正确的。因为在引导市场增加技术进步投入方面，市场机制也存在失灵的问题。首先，现代社会的技术进步，必须以自然科学理论研究为基础。而自然科学理论研究的成果，基本上都属于全社会共享的公共产品，以盈利为宗旨的企业一般不会为此而投资。其次，技术开发往往具有很大的不确定性，特别是那些需要投资大、时间长且有风险的项目，企业一般也不会投资。最后，技术开发成果的"溢出效应"，会在一定程度上影响企业投资的积极性。这个市场失灵问题，只能依靠政府来解决。各国经济发展的事实证明，政府在促进技术进步方面起着市场无法起到的主导作用。经济增长理论需要重点研究的应该是政府如何发挥在增加技术进步投入方面的宏观调控作用。

我们知道，科学技术研究成果的取得虽然具有不确定性，但与对研究的投入无疑呈正相关关系。投入越多，取得成果的可能性越大。企业的研发投入多少，由企业自己决定，通常无须政府干预。基础研究和重大技术项目攻关需要政府投入。投入多少，需要根据社会经济的发展状况而定。在不改变消费增长水平的情况下，当然是投入越多越好。但是用于科技发展的投入多了，就可能减少当年扩大再生产的积累，这样势必会降低当年的经济增长速度，反过来又会制约今后对科技发展的投入增加，从而制约经济的长期增长。如何确定最佳的科技发展投入，应该是政府宏观调控的一个重要方面。如果因增加科技投入而减少的外延型扩大再生产规模，正好等于科技进步所导致的内涵型扩大再生产规模的增加，那么社会经济的增长速度就不会发生变化。按照这一原则去确定科技投入增量，显然可以保证经济的长期稳定增长。在找到更为科学的方法之前，这无疑是一种合理选择[1]。

在经济增长理论的文献中，有一个流行的概念叫技术进步率或技术贡献率，其是各种技术进步内生化模型中必不可少的参数。但是实际的经济统计资料中并没有这样一个统计指标，只能依靠别的统计指标通过某种方法计算得到。主流经济学的方法自然是对经济增长模型的自变量求偏导数，而后求所谓的"索洛剩余"。个人认为这种计算方法并不科学。这还要从限制因子定律说起。我们知道，在一定的技术条件下，社会生产的投入要素只有按照最优组合比例进行投入，产出才是投入的齐次线性函数，即产出与投入按照相同的比率增长，此时并不存在"索洛剩余"；如果不按最优比例投入，投入增长率与产出增长率之间的相应变化，与技术进步没有任何关系，二者之差并不是什么"索洛剩余"。无论用什么增长模型求得各要素投入相对于产出的偏导数，实际上仅能反映各要素的相对短缺程度，或者说是对社会生产过程的限制作用的大小。学术界通常把这种偏导数称之为要素的贡献率，也是没有任何道理的。事实上，除了物资消耗系数的变化外，我们恐怕很难找到能够直接反映技术进步更为合适的客观经济指标了。

误区之三：经济衰退的原因

经济衰退指社会经济逐渐萎缩乃至崩溃。如果没有技术进步，一些有限的可利用的自然资源就会越用越少，相关产业就会萎缩直至消失；如果不能对自然资源进行科学的开发利用，就可能对人类的生存环境造成严重破坏，从而产生灾难性的后果。从总体上看，人类历史还没有出现经济全面衰退的问题。但从局部看，这个问题一直存在。虽然

---

[1] 张丽君.地缘经济时代［M］.北京：中央民族大学出版社，2006.

问题不仅存在于市场经济，但市场经济的外部性无疑是问题日趋严重的催化剂。由于市场机制不具有解决外部性问题的能力，因此有关文献中很难看到以市场机制为基础的资源环境问题内生化的经济增长模型。外部性是市场失灵问题的一种表现，自然需要依靠政府来解决。经济增长理论研究的重点不在于能否建立一个内生化资源环境问题的模型，而在于除了政府的权力之外，是否还能找到通过市场机制本身来解决外部性问题的一些途径。笔者认为，这种途径是有的，主要包括以下三个方面。

其一，要使废弃物再生利用和环境保护成为社会再生产过程中一个必不可少的环节。生产过程中产生的废弃物要由生产部门增设再生利用和有害物质无害化处理的生产流程。增设这一流程所增加的生产成本，需要政府和企业共同承担。只要比例合理，企业就会从被动行为逐渐变为自觉行为。消费过程中产生的废弃物要由全社会来共同处理。民众要养成废物分类收集的良好习惯，政府要采取必要的强制措施和提供必要的方便条件。特别是政府要大力发展废弃物再生利用的产业，尤其要提高这一产业的社会地位。在我国这类企业很少有成规模的。而从事废弃物回收的人员大都是到城里寻找生活出路的农民工。我国现在完全有条件加大发展这一产业的投资力度和提高从业人员的社会地位。政府只要制定合理的废弃物回收和再生资源的价格，这类企业就会逐渐成长起来。开始需要政府补贴，之后随着再生利用技术水平的不断提高，补贴就会逐渐减少直至没有必要。至于大规模、大范围的生态建设项目，则需要政府投资和组织实施。在不影响经济增长速度和消费水平提高速度的前提下，政府用于废弃物再生利用和环境保护的最佳投资量，应该是经济增长理论研究的一个课题。

其二，要使自然资源的产权进一步明晰化。科斯认为，产权清晰是消除外部性的重要条件。这是有道理的。产权是利益和责任的统一体。使用别人的东西，可以竭泽而渔；使用自己的东西，则要考虑如何细水长流。凡是在使用过程中具有排他性的自然资源或产品，都应该私有。只有那些在使用过程中不具有排他性的自然资源或产品，才应该公有。自然资源的过度开发，很大程度上要归因于公有制。我国对自然资源实行国有制，耕地名义上属农民集体所有，实质上只有部分支配权。名义上的所有权同事实上的所有权往往不是一回事。谁有事实上的支配权，谁才是真正的所有者。这些年来，矿产资源的私挖乱采、森林植被的乱砍滥伐、基本农田的任意占用、凭借自然资源大发其财的现象屡见不鲜，都与各级政府官员手中握有自然资源的实际支配权有关。如何改革自然资源的所有权制度，使其顺应社会发展的客观规律，也应该是经济增长理论研究的一个课题。

其三，要把负价值的核算引入价格形成机制之中。负价值概念源于里昂惕夫

（Leontief）的投入产出分析。我们知道，商品价值是一个历史范畴。价格是人们在长期的经济活动中形成的一种共识。负价值是对生产和消费过程中产生的废弃物的评价。不说对环境造成危害的废弃物，就一般的废弃物而言，如果不能加以再生利用重新进入生产过程，从全社会的观点看，那就是社会总资源的一种浪费，原先凝结在这些废弃物上的正价值就变为负价值。随着废弃物在社会经济生活中的关注度越来越大，负价值概念成为人们的共识是一种必然。负价值体现的是一种社会损失，这种损失自然应该从直接的生产者和消费者那里得到补偿，但是市场机制暂时还不具备这种功能。具备这种功能的是政府，其可以对生产废弃物的生产者和消费者征收负价值税，而后对有效处理废弃物的生产者和消费者给予补偿。只要长期坚持这种政策，就会对市场价格的形成产生重要影响，从而形成负价值的价格形成机制。这样一来，市场机制就有了解决部分外部性问题的功能。经济增长理论的研究者一直致力于各种要素在模型中内生化的问题，其实外部性问题如何内生化到市场机制中去更值得研究。

经济学界有一个共识，那就是现代经济增长理论还很幼稚。如果按照主流经济学的研究范式走下去，可能离实际经济生活越来越远。我国年轻的经济理论研究工作者不必把这种范式奉为圭臬亦步亦趋，而是要大胆探索走出自己的一条新路来，为经济增长理论的发展做出自己应有的贡献。

第二节 "蛙跳型经济增长"理论的研究思路

本节首先介绍了克鲁格曼（Krugman）关于"蛙跳理论"的解释和相应的现实意义，阐释了具有后发优势的发展中国家想要赶超具有先发优势的发达国家需要进行发展动力转换，由后发优势转化为先发优势。接下来详细介绍了"蛙跳理论"的三个阶段，并详细分析了每个阶段，揭示了发展中国家需要经过"古典型—学习型—创新型"三个阶段才能赶超发达国家。并在本节最后得到的启示中认为在全球价值链环境下对"蛙跳型经济增长"理论最后阶段进行理论研究和创新可能会为中国经济的发展提供一个新方向。

一、"蛙跳理论"

从发展经济学学科的出现至现在，涌现出了大量的关于发展中国家经济增长及发展规律的理论，而"蛙跳理论"的出现则提出了发展中国家经济增长在短期内会达到发达国家的水平甚至赶超发达国家的可能性，为发展中国家的经济跃进提供了相应的理论基础，对包括中国在内的发展中国家如何选择今后的发展道路有着重大的意义。

1993年克鲁格曼在研究了发展中国家的发展规律之后，率先提出了基于后发优势理论的"蛙跳理论"。其认为，后发国家在经济发展方面不仅体现在"跟随性"上，而且可以实现跨越，直接进入发达国家。发达国家因为经济发展领先而产生的先发优势被发展中国家跟进学习；发展中国家在发展的过程中会对发达国家进行技术学习和制度学习，因此产生相应的"模仿创新"，此即"后发优势"。并产生相应的"后发利益"：制度型后发利益会诱发制度变迁；技术型后发利益会诱发技术创新。但是由于先发利益的长期递增和后发利益的递减规律使发展中国家要想赶超发达国家，就要做到发展动力必须由后发优势转化为先发优势。

我国目前为止对"蛙跳理论"研究有重大突破的成果之一是黄先海的《蛙跳型经济增长——后发发展路径及中国的选择》。该文十分清晰透彻地分析了"蛙跳理论"，对我国的经济发展有着很强的借鉴意义。将蛙跳型增长根据经济发展的阶段划分为三个阶段：古典型蛙跳—学习型蛙跳—创新型蛙跳，并提出了每个阶段发展所需的要素：资本积累—效率增进—技术创新。通过这三个阶段发展中国家得以实现经济的跨越式发展，对我国甚至整个发展中国家的发展都有着很强的借鉴意义。而之后的学者在进行"蛙跳理论"研究时基本上也都是按照这三个阶段开展的，如张旭昆、舒元、杨扬。因此本节将按照这三个阶段对蛙跳理论进行详细的分析。

二、研究思路

（一）资本积累阶段

在资本积累阶段，有众多的经济理论强调了资本的重要性，认为经济的增长过程体现着资本积累的过程，包括"临界最小努力""大推进"理论和"两缺口"模型。"临界最小努力"强调发展中国家必须使投资率大到足以使国民收入的增长超过人口的增长，从而使人均收入水平得到改善；"大推进"理论中罗森斯坦（Rosenstein）认为，落后国家必须实现工业化（农业生产和非农业生产中日益相对少地使用劳动，更多使用资本）到全面大规模地在工业部门投入资本；"两缺口"模型通过对"储蓄约束"和"外汇约束"平衡性的研究，认为一国在发展过程中要积极使用国外资源，并且实现资源的合理配置。这些理论都强调了在经济发展起始阶段的起飞必须依靠资本完成，资本是经济起飞的基础，在原始阶段一定要完成相应的资本积累。在新古典理论框架下，索罗（Solow）建立起的索罗模型，说明了经济的增长过程正是资本积累的过程。其中是人均资本量，是劳动增长率，是折旧率，是人均资本的有效折旧率，即人口增长也使人均资本减少。但是由于资本边际报酬的递减性决定了不可能一直主要依靠资本来实现增长。由索罗模型可知，由于要素边际收益递减规律的存在，作为资本积累的重要因素，资本的边际收益率会随着人均资本存量的增加而不断下降。越到后期资本的报酬越小，效率就越低，产生的影响就越小。当资本的边际收益率趋向于0的时候人均资本存量会趋于稳定，此时的总产出水平等于自然人口增长率。不过正是由于要素边际报酬递减规律的存在，使得后发国家的增长速度会远远高于基本上处于稳态状态下的先发国家，从而产生后发国家赶超先发国家的机会。但是，考虑到现实情况，大多数的发展中国家和落后国家的资本形成和资本使用的效率偏低，导致大量的资源浪费，抑制其发展，所以接下来就要实现效率的提高。

（二）效率增进阶段

效率增进阶段即"学习型蛙跳"阶段。在这一阶段发展中国家在发展过程中会借鉴发达国家的制度和技术，通过对发达国家的制度和技术的模仿学习，提高自身的增长效率，也就是后发优势。发展中国家通过对先发国家已公开的先进技术的引进、模仿、消化、吸收和本土化的改造，以及对相应先进制度的模仿学习和改造，迅速缩小与发达国家之间的差距。在这一阶段就要求发展中国家必须保持开放。在开放的条件下通过国际贸易和国际直接投资或跨国公司实现差距收敛。在其他条件不变的情况下，与发达国家之间的差距越大，增长的速度就越快；对外开放的程度越高，增长的速度就越快[2]。

国际直接投资（FDI）或跨国公司（MNC）会对东道国产生"生产力溢出"和"市场能力溢出"两方面的溢出效应。可以直接帮助发展中国家学习到发达国家的先进技术，并可以直接帮助当地企业使用和模仿该创新，从而促进效率的提高。同时FDI的溢出效应还表明，技术变革与资本流动有关，资本进步快、资本回报率高，资本就会进入，而资本的进入又会促使更快的技术创新，产生一个良性的循环，从而促使发展中国家赶超发达国家。至于制度的引进和模仿，我国的金融制度就是通过向发达国家模仿和消化吸收的基础上转化为适合本国国情的金融制度。制度的学习过程是一个不断尝试、不断修正的过程，需要在探索中找到属于我国国情的制度。

（三）技术创新阶段

由于后发优势的递减规律，我们可以得出，在发展到一定阶段时效率的增加也会变得缓慢，达到"最后最小的差距"，这时就需要进行关键的一跳：创新型蛙跳。克鲁格曼等人认为，领导者的成功会积累制度刚性，也就是制度僵化，最终会损坏其经济绩效。

---

[2] 苏东辉,骆华松,蔡定昆.区外大国与东南亚地缘经济关系测度分析[J].世界地理研究,2013,22(1):1-11.

在发生重大的技术革新之后，由于发达国家先行高工资、高福利等既得利益的影响，它会延迟对新技术的应用；发达国家原有的技术已经很成熟，新技术的引进可能在前期需要增加成本，即"技术锁定"，因此发达国家会选择在发展中国家实验新技术，或者说发展中国家由于自身发展水平的不足更愿意采用新技术，从而实现大的突破，甚至直接进入发达国家的行列。如果落后者有更高的制度效率或更大的生产规模，它可能会最终成为领导者。因此克鲁格曼认为技术创新是后发国家赶超发达国家的契机。我国目前要达到的就是这个阶段，我国在很多方面都已经进入瓶颈阶段，必须实现这一关键性的一跳，才能突破现在的状态，避免进入"中等收入陷阱"。

三、启示

"蛙跳型经济增长"理论的三个阶段：资本积累—效率增进—技术创新揭示了经济发展过程中所要经历的不同要素的重要性，不同的要素在发展的不同阶段对经济发展产生的影响程度并不一样。要素在经济发展过程中逐渐由资本转向技术，资本在经济发展的初期会产生非常重要的影响，然而由于资本积累的边际递减规律使经济发展到一定阶段后资本发挥的作用仅能使经济发展水平维持在自然人口增长率水平。这时对先进技术的学习便逐渐成为经济发展的主要因素。在这一过程中必须求开放，开放的程度越高，技术的学习能力便越强。国际贸易对发展中国家在这一阶段产生了巨大的影响，中国能走到今天的这个程度与对外开放和国际贸易密不可分。由于"最后最小差距"的存在，一味地模仿和学习技术对经济发展会产生瓶颈作用，想要突破瓶颈就必须进行技术创新。创新能力是一个国家发展的不竭源泉，是中国等发展中国家突破"中等收入陷阱"的必然选择。在全球经济一体化的今天，国际分工已是开放国家最普遍的一种行为，同时也是各国在全球化中寻求发展机会和突破瓶颈的一个良好途径，在全球价值链的环境下对"创新型蛙跳"，即"技术创新"阶段进行理论性的研究和创新，或许能够为中国经济的发展开拓一条新的道路。

第三节 现代演化增长理论的兴起、现状与未来

作为经济增长理论研究中的一支"奇兵"，现代演化经济学在技术和制度创新分析领域做出了独特贡献。以纳尔逊、弗里曼等为代表的现代演化经济学家"扬弃"了熊彼特的理论成果，他们抛弃了在熊彼特经济增长模型中还隐约出现的均衡分析框架，取而

代之的是以强不确定性、有限理性、异质性、个体群思维、路径依赖和结构变化等为方法论特征的演化分析范式，并在此基础上形成了形式化建模和历史鉴赏法两种风格的经济增长过程分析。从未来走向上看，演化经济增长理论有望在与新古典增长理论的竞争中实现互补性发展。

一、现代演化经济学增长理论的勃兴

技术创新是经济增长最重要的源泉，但在主流经济学的经济增长文献中一直没有得到足够的重视。出现这样的原因是多方面的：经济学家缺乏相关的自然科学知识，他们忙于贸易周期和就业问题而无暇顾及其他，缺乏有用的统计数据等。但更深层次的原因在于，主流经济学习惯于将创新视为"天赐甘露"而把其处理为经济理论的外生变量，以至于技术进步、创新与经济增长的关系长期以来成为经济学研究的"黑箱"。

20世纪50年代兴起的经济增长核算，确定了技术进步在经济增长中的核心推动力地位。这些发现吸引了经济学家对技术进步过程的考察，并重新发现了熊彼特多年前论述的作为经济活动重要特征的创新主题。熊彼特在《经济发展理论》（1912）和《资本主义、社会主义和民主》（1942）两本巨著中，首次提出创新是经济发展的内在动力和本质特征、资本主义经济具有"创造性毁灭"的动态特征等一系列观点。但是，在熊彼特的理论框架中还带有不少均衡框架的色彩。尽管在包括新古典增长理论和内生增长理论在内的现代主流经济学增长视野内，创新的重要性已经被认识到，但被硬塞到均衡框架内进行分析。正如纳尔逊所观察到的，"使我感到迷惑和悲哀的是，我的经济学同行们仍大量继续使用新古典理论来研究经济增长问题，而实际上新古典增长理论是无法恰当处理创新起着重要作用的经济情境的"。真正继承熊彼特创新思想精髓的是兴起于20世纪80年代的现代演化经济学，它宣称使用动态演化框架替代均衡分析范式，目前在国际上已经具有相当大的影响。

目前，在演化经济学旗帜下进行经济增长研究的学者，除了聚焦于创新与经济增长关系的"新熊彼特经济学"之外，还包括老制度主义等西方异端经济学其他流派。限于篇幅，本节主要介绍"新熊彼特学派"的研究成果。在这个领域做出杰出贡献的学者包括弗里曼、纳尔逊、多西、伦德瓦尔、梅特卡夫、萨维奥蒂等。在创新与经济增长关系的研究上，弗里曼和纳尔逊做出了开创性的工作。

二、演化经济增长理论的基本特征

演化经济学，就是对经济系统中新奇的创生、传播和由此导致的结构转变进行研究的科学。演化经济学认为，经济增长的根源既不是自然资源或简单劳动，也不是资本积累，它只存在于人类永无止境的知识探索和创新能力之中。由创新引发的报酬递增，是经济增长的基本现象。经济增长过程，就是人类将新知识转化为新产品、新技术、新管理方式进而导致经济总量增加的过程，而在此过程中产生的结构变化和制度变迁，又使经济增长表现为动态的循环累计因果过程。正是对新知识的创造和传播，才导致了工业革命以来发达国家经历了有史以来最伟大的经济增长奇迹。不同国家经济增长率的差异，在根本上是各国知识创造能力鸿沟的必然结果。演化经济学在内容上的独特性受其研究方法的深刻影响。

（一）不确定性、有限理性、满意假说与演化分析框架

演化经济学强调，强不确定性是技术创新，尤其是像蒸汽机、汽车、电子计算机等对人类历史影响重大的根本性创新的基本特征。这种不确定性是基础性的，人们无法事先通过概率对其进行计算。正是不确定性、专家间的意见分歧、争议才成为经济增长过程的标志。在对经济行为的分析中，演化经济学用西蒙的"有限理性"假设替代了完全理性假设，用马奇的"满意"原则替代了最大化行为原则，以此作为经济分析的基础。

在分析框架上，演化经济学采纳了达尔文主义的具有非均衡特征的"变异—选择—遗传"的演化分析框架，并结合人类经济的活动特性，将其发展为"多样性创生（变异）—多样性减少（市场选择）—多样性重新稳定（遗传）"的演化过程分析。演化经济学认为，经济增长依赖于创新和选择两种动力机制。创新由追求满意利润的经济行为者所发动，它提供了经济变化的新路径，而选择过程使多样性不断减少，市场和其他经济制度是现代经济最重要的选择机制。经济增长过程，就是创新和选择不断相互作用的过程，其中个体学习、组织适应和环境选择同时存在。经济活动在静态上表现为秩序而非均衡，各国在经济增长上的差异将会持久存在而不会出现所谓"趋同"，经济演化的最终结果是不确定的而非最优化的。

（二）异质性、非加总与个体群思维

演化经济学的增长理论以异质性假设和个体群思维为基础，提供的是关于结构和过程的理论阐述。演化经济学认为，异质性是基础，多样性是演化的动力。所谓异质性，就是承认每个经济行为者都是独特的、不可化约的。不同个体之间存在持久而广泛的差异，这种差异性不仅表现在它们会产生不同的新奇，而且表现为，即使面对同样的新奇，行为者也会采纳不同的行动。演化经济学对异质性个体的处理方法是个体群思维，这是一种关于多样性变化规律的分析方法。按照个体群思维，在一个由不同个体构成的群体内，经济演化是通过两种机制得以说明的。第一种是多样性增加机制，它是由不同个体

永无止境的创新行为所带来的；第二种机制是多样性减少机制，创新会导致不同个体在群体中的地位发生变化，不同创新在扩散过程中在群体中被采纳的程度是不一样的，随着主导设计的出现，多样性的增长会受到阻止，甚至被侵蚀。这与主流经济学将经济增长看作是对同质化的个体分析单位进行生产函数"加总"的方法存在很大差别。

（三）路径依赖、动态报酬递增、结构变化与制度演化

演化经济学在历史时间框架内分析增长现象，在对技术史的有趣考察中，发现了技术创新中路径依赖的广泛存在，即偶然的历史事件可能会给某种劣势技术一种初始优势，从而导致该技术尽管最初不是最优的，却可以在干中学、用中学的过程中获得滚雪球式动态报酬递增效应，最终发展成为主导设计。创新的意义不能仅仅用增长就可以得到完整说明，创新必然会引起经济结构的变化，即质变，也就是发展，从而将增长理论与发展理论融为一体。在经济增长的演化过程中，技术、企业和产业结构及支撑性制度之间存在着一种交互作用、协同演化的动态关系，充满着不确定性、路径依赖和锁定。经济社会在技术—制度的协同演化中走向非均衡、非最优的演化过程。

（四）学习、资源创造与国家创新体系

技术进步推动经济增长的过程是复杂的、非线性的和充满不确定的，并随着时间的推移而不断变化，因此精确预测某种科技政策的效果是很难的，但政府并非在经济增长政策上无所作为。演化经济学将创新体系内部各部分之间的联系作为创新政策的基本考虑，提出国家（或区域）创新体系概念，认为政府不仅要加强对大学基础研究和企业应用研究的各种财税补贴，也要加强生产商、供应商和用户之间的垂直联系和交互作用，还要协调包括贸易、金融、教育等不同层面的政策使之相互配合。由于不同国家和地区有其自身特点，在制定政策时必须因时、因势而定。

为加深对演化经济学增长理论的理解，本节整理出它与主流经济学增长理论的区别。

三、研究风格和代表性模型

目前的演化经济学在对经济增长过程的描述和分析中主要形成了两种风格：一种是正式的形式化模型，另一种是非正式的"历史鉴赏法"（appreciative theory）。代表性的形式化模型包括：Nelson—Winter搜寻模型、基于模仿者方程的Silverberg—Lehnert模型和Metcalfe模型，以及Saviotti—Pyka新部门创生模型。弗里曼和佩雷斯对五次技术经济范式的研究则是历史鉴赏法的一个典型应用。

（一）形式化模型

尼尔森（Nelson）和温特（Winter）于1982年提出的搜寻模型是现代演化经济学使用最早的经济增长模型。在该模型中，企业的异质性是根据固定比率的资本和劳动生产要素界定的，创新则用使用新的固定比率技术界定。企业的技术政策是按照"满意"原则进行的，即如果企业目前有利可图，那它就保持现有惯例，而只有当回报率下降到一定程度时，企业才进行技术创新活动，Nelson和Winter称之为"搜寻"。搜寻可以采取两种不同的方式：本地搜寻和模仿。本地搜寻，是企业在临近的或相关的领域中去搜寻目前还没有发现的新技术。模仿，是企业寻找已被其他企业使用而在自己的生产中还没有使用的技术。企业行为是在历史实践中进行的，具有路径依赖性。第一轮产出结束后，一部分企业进行搜寻，另一些企业保持原有惯例。这样，下一期的技术、资本量和行业状态也就确定了，经济开始了新一轮的迭代。该模型经过计算机模拟出来的结果与实际观察到的1909—1949年美国经济增长的时间路径一致。

20世纪90年代以后，演化经济学家开始使用模仿者方程（Replicator Equation）来模拟经济增长过程。西尔弗伯格（Silverberg）和莱纳特（Lehnert）借助模仿者方程建立了一个技术多样性基础上的技术选择模型。在该模型中，选择对象是技术，适应度是技术的利润率。由于不同企业选择了不同的技术，这就导致不同企业获得不同的利润水平。对那些利润超过平均水平的技术而言，其资本份额将会上升，这就意味着这种技术得到了扩散。通过这种方式，该方程描述了技术的演化机制。Metcalfe模型中，选择对象是企业，适应度是成本。该方程首先描述了一个简单的以复制动态为基础的选择过程。根据方程，那些比群体平均水平更有效率的企业，其市场份额将得到提高，而那些效率低于平均水平的企业的市场份额将不断下降，这一选择过程也就是市场对具有不同单位成本的企业进行协调的结果。然而，如果仅止步于此，群体将会因为多样性耗尽而使演化过程衰竭。于是，在第二阶段，梅特卡夫引入技术进步函数和动态报酬递增思想，企业投资和增长率越快，其生产率上升或单位成本下降的速度就越快。这样，选择决定了企业份额增长率的分布，而作为选择结果的技术进步又反过来改变了单位成本的分布，从而选择和发展就成为互相依存的过程，演化永无止境。通过引入多样性再生机制，梅特卡夫改变了人们将经济演化分为事前变异和事后选择的两阶段的传统认识，将演化拓展为包括多样性的生成和毁灭在内的三阶段纲要[3]。

近年来，Saviotti-Pyka从质变推动经济发展这一论点出发，建立了一个新部门创生的模型，描述了新部门创生引起结构变迁进而导致经济增长和发展的作用机制。该模

---

[3] 程永林.中国-东盟自由贸易区的建构与我国的亚太地缘经济利益分析[J].广西大学学报（哲学社会科学版），2004，26（3）：60-64.

型建立在对多样性的两个假设基础上：第一，多样性增长是长期经济发展的必要条件；第二，多样性增长和原有部门生产率增长是经济发展的两个相互补充的方面。与以往的演化增长模型最大的不同在于，该模型不是从单个部门内的企业生产出发，而是从整个经济系统出发，研究了新部门创建对经济发展的影响。该模型不仅通过计算机模型描述了企业数量、需求、就业等随着新部门创生而变化的曲线，而且比较了不同的技术机会、学习率、部门效率和基本搜寻活动效率对经济系统的不同影响，指出新兴行业的技术机会要比传统行业多，学习率高的部门要比学习率低的部门对经济发展的贡献更大等，增强了演化增长理论对现实的指导意义。

（二）历史鉴赏法

历史鉴赏法也被称为"历史情境法"或"历史友好理论"，它是一种经验研究方法，由纳尔逊和温特命名。由于产品创新与经济繁荣在历史上曾反复出现，尽管每次具体表现形式不同，但在运行规律上具有很大的相似性。演化经济学家可以通过对创新与增长关系的经济史考察，从中剥离出若干重大因素，在层层抽象的基础上揭示出创新与经济周期的运行机制。这种理论的目的在于抓住真实经济世界的基础本质，与马克思经济学的历史抽象法具有一定的相似性。

熊彼特观察到，重大创新出现在时间上并不是平均分布的，而是聚集成群出现的，他对经济周期的研究在一定程度上可以看作是一种历史鉴赏法。弗里曼和佩雷斯梳理了两百年来资本主义出现过的五次技术革命巨浪：1771年开始的英国工业革命；1829年开始的蒸汽和铁路时代；1875年开始的钢铁、电力和重工业时代；1908年开始的石油、汽车和大规模生产时代；1971年开始的信息和远程通信时代。他们认为，每次技术革命都带来了新产品、新行业和新基础设施的爆炸性发展，并不可避免地形成一种新的技术—经济范式（techno-economic paradigm），它是由一套通用的技术和组织原则构成的最优惯行模式，像生物界的自然选择一样保留那些适应新范式的企业，淘汰掉那些没有采纳新范式的企业，从而带来生产率的提高和经济增长。根据这一看法，不同时期经济增长率的高低差异，与所处的技术革命的不同阶段是密切相关的，由于技术进步率在时间上是不均衡的，故而经济增长也必然表现为非均衡状态。佩雷斯在五次技术革命范式转变的历史经验分析的基础上，2002年预测到世界将面临一场金融大萧条，需要一次制度大转型。弗里曼和卢桑指出，不同国家在不同时代先后领先的根本原因，在于这些国家成功发展出一套与技术-经济范式相匹配的包括科学、技术、政治、文化、组织等在内的支撑性制度结构。如纳尔逊所指出的，在现代先进的工业国，存在着一种促进技术、产业组织和广义上的制度共演的机制，其运动方向是引发持续的经济进步。这些建立在确凿历史基础上的技术变革、组织变迁和制度转型的分析,大大深化了我们对真实经济增长过程的认识。

四、演化增长理论未来可能的演化方向

诺贝尔经济学奖获得者卢卡斯曾经说过:"人们一旦开始思考经济增长问题,就很难被其他问题所吸引。"增长问题是经济理论研究的永恒主题,但经济增长具有复杂性。与传统经济学将资本积累作为经济增长动力不同,演化经济学因强调创新在经济增长中的第一推动力地位而获得了越来越大的学术影响力,甚至有学者预言演化经济学有望成为未来的主流经济学。我们认为这样的看法是过于乐观了,尽管与主流经济学的增长理论(包括新古典增长理论和内生增长理论)相比,演化增长理论具有明显优点:它的假设前提更接近现实,它对技术进步的机理分析也比较符合史实,它提出的国家创新体系也被芬兰等国的实践证明是卓有成效的,等等。但演化增长理论也存在不足之处:缺乏统一的分析范式和强有力的分析工具,对技术-制度共同演化机制说明不够等。

从某种意义上讲,演化增长理论的未来走向在很大程度上取决于它与主流经济学增长理论在竞争中的互补性发展。具体来说,对立、平行和融合是三条可能的路径。对立,是指演化增长理论继续保持主流经济学挑战者的姿态;平行,是指演化增长理论停止对主流增长理论的批评,但并不参加与主流理论的对话;融合,是指在保持现有传统和演化框架基础上接纳新古典经济学因素,逐步走向统一。目前,这三种意见在演化经济学内部都有支持者。Dopfer认为,二者之间在根本上是水火不容的,新古典和演化方法的趋同也会由于物理-机械与制度-演化范式的不可调和而受到破坏;Heertje等人表示,演化经济学家提出的问题或多或少地被与新古典学派有密切联系的很多学者解决了,演化范式将来也会成为主流经济学的一部分;Hunt则尝试构建一个将两种增长理论融为一体的新框架。正像演化经济学不确定性的基本预设一样,演化经济增长理论的未来走向也将是充满不确定性的。

第三章 现代经济发展与就业的理论

第一节 新时代企业就业与经济发展

随着社会主义市场经济的不断发展,社会企业对人才的要求越来越高,就业形势也变得更加严峻。在这种背景下,不断地完善经济发展的模式也是发展的必然需求。本节就劳动力就业问题与经济发展之间的联系进行探讨,分析经济发展过程中影响劳动力就业的因素,以解决经济增长和企业就业的矛盾问题。

我国各行各业都属于发展的状态,整个市场迎来了欣欣向荣的局面,但是在经济发展的过程中却出现了就业难的问题,这种经济发展下的劳动矛盾问题是新时代急需解决的,只有改善劳动力的就业问题,才能促进经济的稳步提升,促进两方面的协调发展,使社会更加和谐、经济更加稳定。

一、经济发展过程中影响劳动力就业的因素分析

(一)产业结构不断调整,导致大面积职工失业

企业在发展的过程中,必须会跟随经济的变化调整产业结构。随着新兴产业的不断发展,新技术领域在社会中产生了一定的影响,企业就需要调整内部的产业结构,很多传统的产业被抛弃甚至淘汰。一些技术较为落后的产业,在市场上也失去了竞争力,从而出现了结构性失业的情况。

调整产业结构是经济社会发展的必然要求,在进行调整的过程中,效益差、产能低、技术不足的企业非常有可能被逐步淘汰,大部分职工面临失业,失业之后又找不到适合的职业,最终导致劳动力剩余情况严重。

(二)农业产业化导致大部分劳动力剩余

我国是一个农业大国,近几年来我国充分重视农业发展,并对农业给予了政策支持,在信贷资金方面给予了优惠,这一系列政策的出台促使乡镇企业在此基础上得到了迅速

的发展。乡镇企业的发展解决了当地劳动力剩余的问题，增加了国家的税收。但是由于乡镇企业自身起步较晚，深受当地环境因素的影响，技术难以提升，就业人口萎缩，发展较慢，很多乡镇企业在这种状态下不得不缩小自身企业的规模，有些甚至直接倒闭。农业走向产业化，以前零散的经营开始变得规模化、集约化，这些都直接导致了农业剩余劳动力的大量存在。

（三）中小企业的发展和就业的关系

中小型企业在我国国民经济中占据着重要的地位，近些年来中小企业迅速发展，成为我国经济发展的中坚力量，对于劳动力就业问题的改善有着积极的作用。随着中小企业在国民经济发展中的比例越来越大，很多企业开始调整内部的经济结构，对就业人员的要求越来越高，中小企业的劳动力再次面临裁员。

（四）农村劳动力的大量转移，造成农村和城市贫富差距拉大

就目前而言，农村的劳动力出现了大量转移的情况，很多有能力、有学历的青年更愿意去大城市发展，这也是经济的必然过程，这一过程导致了农村和城市之间发展差距越来越大，农村劳动力不足，劳动力技术水平、综合素质较低，经济建设发展迟缓。大多数留在农村的就业人员只能从事简单的工作，严重阻碍了新农村的建设[1]。

（五）区域经济发展受到限制，导致劳动力就业迟缓

在我国县域经济发展潜力还未得到充分挖掘，区域经济出现失衡的状态，这也是区域差距、城乡差距的主要问题。经济发展受到限制，此时的劳动力就业自然会产生置换的现象。在这种现象之下，劳动力被迫进行转移。因此，县域的经济发展对于劳动力就业而言具有较大的意义，要积极发展区域经济来解决劳动力就业问题。

二、新时代企业就业与经济发展的联系与对策

在新时代背景下，区域经济发展不仅要注重经济增长的速度，同时还要解决劳动力就业过剩的问题。现如今经济在发展的过程中，虽然会解决一部分的就业问题，但劳动力就业问题依然严峻，由此引发了一系列的连锁反应，这对于构建稳定和谐的社会环境是极其不利的。因此，需要对当前经济发展和企业就业的联系和对策进行探讨，解决劳动力和经济发展之间的矛盾。

（一）统筹区域发展

我国经济在不断发展，政府的财政收入也在稳步提升，对于统筹区域的能力逐步增强，政府要加大对区域经济在财力和物力方面的支持，针对不同区域、不同程度劳动力

---

[1] 王占军.大学生职业生涯规划咨询案例精编[M].上海：华东师范大学出版社，2017.

就业的问题采用科学合理的方法进行解决，不断地完善劳动力的相关政策和制度，加强统筹力度，促进区域经济的协调发展。总体而言就是需要建立一个统一的劳动力市场，将劳动力市场开放，利用网络多媒体平台发布就业信息，择业人员可以通过多媒体平台去寻找合适的工作，帮助不同区域的劳动力就业。

（二）合理调整产业结构

企业在调整产业结构的同时，政府也要加强对产业结构的引导调控，从以往追求经济增长的速度转变为以创造就业为中心，对中小企业在发展过程中给予支持。政府要重视中小企业对解决就业问题的作用，积极鼓励中小企业的发展。降低中小企业的信贷准入门槛、提高审批效率，给中小企业的发展创造良好的空间，间接解决劳动力过剩的问题。

（三）大力发展现代农业

现代化农业的发展开始向产业化、集约化、规模化转变，农业的收入在不断地提升，但是农业在就业方面却出现了问题，就业岗位少，农业所需要的就业人员要求增加，技术性人才极度缺乏。在此状态之下，更应该大力推进现代农业的发展，为农业提供优质的发展空间，制定政策吸引更多的外出打工人员回到家乡进行创业。

现代化农业在产业化的过程中，表现出了市场化的特征，也在发展的过程中融入了现代科技，这就对农业就业人员提出了更高的要求，从事农业的工作人员必须具备一定的技术以及专业的水准。农业在发展的过程中，要不断地去提高经营主体的组织化水平，为劳动力提供明确的岗位需求以及技能要求，保证农产品的供给，以创造就业为中心发展农业。在经济发展的同时，为农业劳动力提供更加优质的岗位。

（四）加快发展县域经济

积极发展地区经济，不仅有利于解决贫富差距，还能够夯实农业的基础，解决劳动力就业的问题。想要解决区域之间差距问题，首先就要发展落后的县域经济。加大对落后地区的资金投入，提高财政的支持，加强对基础设施的建设，完善医保制度，加大对教育的投入，不断扩大消费需求，扶持当地的特色产业。与此同时，政府也要发挥自身的监督作用，构建起以市场为引导、土地节约集约利用的工业化道路。

（五）加强对技能劳动力的培养

在新时代的发展环境之下，剩余劳动力有一个普遍的特征，那就是综合素质偏低，因此需要加强技能型劳动力的培养，不断发挥技能培训服务的优势。在进行技能培训服务时，可以通过网络多媒体等软件进行职业技能的培训，采用多元化、多层次的培训理念，对相关人员进行培训，使剩余劳动力可以通过网络的渠道来获得技能培训服务，不断地提高自身的综合素质。同时可以不断地拓宽技能培训，比如增加农业、家政等技能培训服务，以此来提高劳动力的技能水平，以便更多的剩余劳动力能够满足市场的需求，改善自身的整体素质。

目前，我国处于人口众多、劳动力较为丰富的基本国情中，劳动力就业压力大，解决就业问题是一项长期的重大战略任务。在这种现状之下，政府部门要加强对社会经济政策的支持和调控，促进中小企业的发展，不断统筹县域区域的发展力度，加强对技能培训的服务，提高劳动力的综合水平，使得经济在发展的过程中，劳动力能够跟上经济的步伐。同时，经济也要从以往的追求速度为主要目标，转变为为人民创造就业，最终解决劳动者就业和经济发展之间的矛盾问题。

第二节　经济发展与就业的一般关系

人类社会的经济活动包括生产、分配、交换和消费四个环节，其中生产处于最基础的地位，生产什么、生产多少决定了分配、交换和消费的数量和质量，但分配、交换与消费也反过来决定着生产的结构发展状态。经济基础决定上层建筑，生产力的发展水平影响国家或地区的就业情况。一般来说，经济发展包括三层含义：一是经济量的增长，即一个国家或地区产品和劳务的增加，它构成了经济发展的物质基础；二是经济结构的改进和优化，即一个国家或地区的技术结构、产业结构、收入分配结构、消费结构及人口结构等经济结构的变化；三是经济质量的改善和提高，即一个国家和地区经济效益的提高、经济稳定程度、卫生健康状况的改善、自然环境和生态平衡及政治、文化和人的现代化进程。就业是民生之本，是人民群众改善生活的基本前提和基本途径。就业和再就业，关系着亿万人民群众的切身利益，关系着改革发展稳定的大局。全球化和技术进步在激发经济增长和就业增加的同时，也加剧了就业的不稳定性及就业者的失业风险。我国作为一个人口众多的发展中大国，伴随经济结构的战略调整和国有企业深化改革，面临着巨大的就业压力：一是经济改革、经济体制转型；二是市场体制、二元经济、城镇化建设、工业化等使农村剩余劳动力大量向城镇转移；三是加入WTO以后，世界经济波动、产业结构变动、科学技术进步等都影响着中国劳动力的就业。我国现在正面临着转轨中相对过剩的劳动力资源和传统公有部门存在大量隐性失业的严峻形势。因此，对经济增长与充分就业的相互关系进行深入探讨，有助于为正确的就业政策选择和合理的就业制度安排提供依据。

一、基本概念

就业是人力资源与物质资料相结合创造社会财富的过程，也是社会求职者走上工作岗位的过程与状态。对社会个体而言，就业是个人获得经济收入的主要手段，是维持个人生活和维系家庭经济的物质基础；是个人发挥才能，满足精神需求，实现自身社会价值的途径。对国家和社会而言，就业会带来经济增长、社会稳定和社会成员发展；反之，失业会带来社会成员的贫困，扩大社会贫富差距，引起社会矛盾甚至冲突。因此，世界各国高度重视就业问题。联合国世界首脑大会明确指出，要致力于协调"失业""贫困"和"社会冲突"这三大问题。

（一）就业

劳动是劳动者运用劳动能力改变劳动对象，以创造适应人们生存和发展的社会财富的有目的的社会实践活动。就业是指具有劳动能力的公民在法定劳动年龄内，依法从事某种有报酬或劳动收入的社会活动。所谓劳动就业是指具有劳动能力的人，运用生产资料从事合法的社会劳动，创造一定的经济社会价值，并获得相应的劳动报酬或经营收入，以满足自己及家庭成员的生活需要的经济活动。一般认为就业者要满足三个条件：第一，在法定的劳动年龄内且具有劳动能力。世界各国对法定劳动年龄的规定各不相同，世界银行建议劳动年龄为15~64岁，我国法律规定劳动年龄为男性16~60岁、女性16~55岁。第二，从事合法的经营活动。不论生产资料所有制性质和用工形式，只要符合国家法律规定的社会劳动都应视为就业。但是，如果劳动有害于社会且属于非法性质，就不属于就业。例如，从事走私、贩毒、卖淫等犯罪活动的人不属于就业者。第三，有劳动报酬或经济收入。即使劳动者从事合法劳动，但如果没有取得经济收入也不属于就业。例如，从事义务劳动、社会救济劳动、劳教人员的劳动、家务劳动等的劳动者不属于就业者[2]。虽然就业必须有法定劳动年龄、社会劳动时间长度、劳动报酬或经济收入的限制，但国际劳工统计协会规定，各国应根据自己的国情制定相应的劳动制度。凡在决定劳动年龄内，属于下列情况之一者均视为就业者：一是在规定时间内，正在从事有报酬或有收入职业的人；二是有固定职业，但因疾病、事故、休假、劳动争议、矿工，或因气候不良、机器设备故障等原因暂时停工的人；三是雇主或独立经营的人员，以及协助他们工作的家庭成员，其劳动时间超过正规工作时间的1/3以上者。从劳动者就业地点来看，可以划分为城镇就业和乡村就业；从就业的行业来看可以分为第一产业就业、第二产业就业、第三产业就业；按照国民经济分组可以分为农林牧渔业，采掘业，制造业，电力、煤气

---

[2] 姚先桥. 职业生涯六堂课[M]. 北京：机械工业出版社，2012.

及水的生产和供应业，建筑业，地质普查业，水利管理业，交通运输业、仓储业及邮电通信业，批发和零售贸易、餐饮业，金融保险业，房地产业，社会服务业，卫生、体育和社会福利事业，教育、文化艺术和广播电影电视业，科学研究和综合技术服务业，国家机关、党政机关和社会团体以及其他行业。

从就业的模式看，就业包括正规就业和非正规就业。正规就业是传统的有固定工作单位的全日制就业形式，劳动者为雇主工作，并从雇主手里获得维持生存的劳动报酬。例如，各类企事业单位的工作人员、政府机关部门的工作人员以及在非营利组织就业的工作人员等。非正规就业指劳动标准（劳动条件、工时、工资、保险福利待遇）、生产组织管理及劳动关系运作等均达不到正规就业标准的用工和就业形式。国际劳工组织将非正规部门定义为："发展中国家城市地区那些低收入、低报酬、无组织、无结构的小生产规模的生产或服务单位。"国际劳工组织将非正规就业分为以下几点：容易进入的领域，依赖本地资源，家庭所有制和自我雇佣，小规模经营，劳动密集、技术含量低，非正规教育获得技能训练，不规范的、竞争的市场。我国认为，没有进行申报、登记，不参加社会保险，劳动体系不规范，政府难以统计和监管的就业形式为非正规就业。其中，自我雇佣就业是典型的非正规就业形式。自我雇佣就业指所有者、经营者和劳动者三位一体的就业形式，一般是劳动者自己经营、自负盈亏的工作。例如，从事种植业、养殖业、加工运输业自己给自己打工的劳动者，从事个体零售商、小吃店、印刷社、装修公司等小本生意的劳动者，从事摄影、绘画、音乐、律师、牙科治疗、会计、自由撰稿等具有专业技能工作的自由职业人士。

从整体劳动力就业状况来看，社会存在充分就业和不充分就业两种状态。充分就业并不是失业率等于零，而是总失业率等于"自然失业率"；不充分就业指在法定劳动年龄内的劳动者，有就业愿望和劳动能力，但不能充分得到有报酬的、自由选择的、生产性的就业。

（二）失业

失业的问题是随着西方雇佣劳动制度的产生而产生的。以往的马克思主义经济学家们普遍认为，失业的根源在于资本主义制度，在社会主义社会是不存在失业现象的。但是，随着我国从计划经济转向市场经济，特别是近几年市场经济体制的深入发展以及宏观经济结构的调整，失业问题已成为不可避免的事实。

失业者指有劳动能力和就业意愿，但尚未找到工作的劳动者。判断一个人是否失业要看两点：一是有没有就业需求，目前是否正在积极地寻找工作；二是有没有就业岗位，目前是否正在从事有收入的劳动。根据导致失业产生的原因，可以把失业划分为以下几类：

1. 周期性失业。又称为总需求不足的失业，指由于总需求不足而引起的短期失业，即大量求职人员找不到工作，就业人员过剩，人浮于事。这种失业一般出现在经济周期的萧条阶段，与经济的周期性波动是一致的。经济增长的速度并不是稳定的，而是呈现一定的规律性波动。在复苏和繁荣阶段，各生产部门争先扩充生产，就业人数增加。在衰退和谷底阶段，由于社会需求不足，前景暗淡，各生产部门压缩生产，大量裁减雇员，失业人员增加。

2. 结构性失业。是指经济发展，产业结构变化，劳动者的技能、经验、知识结构与生产部门提供的职位空缺所需要的技能、经验、知识结构不相适应而导致的失业，包括产业结构调整型失业、经济体制转轨型失业、经济增长方式转型失业、技术进步型失业、知识经济发展型失业、教育发展滞后型失业、就业观念滞后型失业、地区供求不对称型失业、年龄供求不对称型失业、性别供求不对称型失业等。

3. 摩擦性失业。是指因季节性或技术性原因而引起的失业，包含两个部分：第一部分是首次寻求工作的人在开始寻找工作到找到工作之间的时间所造成的失业；第二部分是工作转换过程中的失业。在社会经济、科学技术、知识资本迅速发展和劳动者素质不断提高的条件下，摩擦性失业是就业选择的时间代价。因此，摩擦性失业也被认为是正常的失业。造成摩擦性失业的原因：一是市场机制不完善、就业信息不灵、传递不畅，就业机会与寻找就业的劳动者不能联系在一起，从而产生了失业；二是工作转换等原因，出现劳动力供求双方不协调的现象，从而导致了失业。经济转型升级的调整过程中导致劳动者在不同工作岗位间转移流动，劳动者在就业或者转换工作时因等待转业而产生的失业现象就是摩擦性失业。

4. 技术性失业。是指由于技术进步所引起的失业。在经济增长过程中，技术进步使知识、资本、技术等生产要素越来越广泛地运用于生产中，先进的设备越来越多地替代人工劳动，生产部门对劳动力的需求逐渐减少，失业者增加。此外，机器设备相对价格下降和劳动力价格相对上升也加剧了机器取代人工的趋势，加重了失业。

5. 选择性失业。是指具有劳动能力的人在择业过程中因主动放弃某一或某些就业机会，而在一定时期内处于失业的状况。随着社会经济的发展和社会保障制度的完善，劳动者有可选择的工作岗位和工作机会。社会上出现许多由于工作岗位不符合心理预期而不愿意去该工作岗位就业的劳动者，他们为等待更好的工作机遇自愿失业。

6. 隐性失业。是指具有劳动能力并在职的劳动者，工作量不足或不能通过工作获得正常收入，虽有工作岗位但未能充分就业或在自然经济环境里被掩盖的失业。隐性失业大多发生在经济衰退时期,生产商缩减规模或减少生产线,不解聘劳动者的情况下劳动力相对过剩、几个人共同完成一份工作;有时也发生在经济繁荣时期,过分膨胀的就业也会出现人员过剩,几个人共同完成一项工作的现象。

在我国除了有失业人员以外,还存在一定的下岗人员。"下岗"是我国从计划经济向市场经济转型过程中产生的极具中国特色的历史概念,特指实行劳动合同制以前参加工作的国有企业的正式职工及实行劳动合同制以后参加工作且合同期未满的合同制职工,因企业深化改革和经济结构调整等原因而脱离工作岗位,但未与企业解除劳动关系,没有在社会上找到其他工作的人员。其实质是国有企业原岗位上富余出来的一部分劳动者。

(三) 经济发展

经济发展是指一国或地区从不发达状态向发达状态转变的过程,通过扩大生产规模和提高生产力水平,实现国民生产总值的可持续增长、人均收入和经济福利水平提高、社会政治经济制度与结构的变化、减少和消灭贫困。经济发展不仅仅指国民经济在规模上的增长,还包括社会、经济、政治结构的优化,人均寿命延长、民众生活水平和质量的改善,文化水平的提高,分配的公平化和充分就业,等等。经济发展主要包括三个方面:一是国民经济总量的持续增长。经济增长是经济发展的基础,没有经济增长的支持就没有国民财富的增加,减少贫困和提高国民生活水平就会成为奢望。二是社会、经济、政治结构的优化。对于一个民族和国家来说,发展最明显的表现就是结构的变化。结构转变是经济发展的内涵,主要包括城乡人口结构、产业结构、就业结构、社会阶层结构、收入分配结构等。三是质量改善是发展的目标。例如,生活质量改善、生态环境良好、经济增长注重效益性、人的素质的提高与人力资本的积累等等。

经济活动的短期波动通常被称为经济周期,它由扩张、高峰、收缩和低谷四个不同的阶段组成。显著的经济扩张时期称为经济繁荣期,在经济上升时期,经济增长速度和运行质量提高,社会经济需求旺盛,劳动需求也相应扩大,从而呈现就业扩大的良好形势,失业率降低。明显的经济收缩时期称为经济衰退期或经济滞胀期,在经济萎缩时期,市场疲软,经济发展速度减缓,经济需求不足,劳动需求也相应收缩,从而呈现就业减少的不良局面,失业率上升。

国民生产总值(GDP)、人均国民生产总值(GNP)、贫困、工业化、洛伦兹曲线和基尼系数等都可以用来衡量经济发展的水平。资本、劳动力、自然资源等物质要素和技术进步、经济制度、产业结构等非物质要素都影响着经济发展。其中,劳动力是经济活动的主体,是比较特殊的影响因素,其与生产资料相结合能够生产出远远大于自身价值的社会价值。劳动力人口增长率和劳动生产率的增长率决定了一个社会潜在的国民收入的增长率。

二、经济发展与就业的关系

经济发展与就业增长的互动关系是客观存在的，又是不断变化的。总体上来讲，只有经济发展才能拉动就业，只有就业的持续增长才能保持经济的健康发展，两者应当相辅相成，既不能片面追求经济增长忽视劳动者的就业，也不能为了追求就业公平就损害经济的发展，这就要求在确保经济发展的同时，要妥善安排就业问题。但是，经济发展和就业增长不一定是正相关关系，经济发展与就业增长是否实现良性的互动，还受多种因素影响。"十三五"时期，在加快经济发展方式转变和城镇化进程的背景下，为实行"就业优先"的发展战略，推进"充分就业"的实现，处理好经济发展和就业增长的关系至关重要。

（一）经济发展对就业的影响

1. 经济总量变化对就业总量的影响。经济总量变化和劳动者就业之间有密切联系。首先，经济趋势对就业的影响。经济总量增长，生产商进一步扩大生产规模，需要更多的劳动力与生产资料相结合，进而提供更多的就业岗位，有助于实现充分就业。相反，经济停滞不前或者萎靡不振，生产商缩减规模或减少生产线，劳动力的需求就会下降，大量劳动者面临失业，难以维持生存。其次，经济周期波动对就业的影响。经济发展是周期性的，在经济周期的顶峰，经济增长快、波动小，有利于就业的稳定增加，往往是失业率很低的时期；在经济周期底部，经济衰退，就业减少，往往是失业严重的时期。因此，经济增长的周期性变化对就业具有重要影响，就业也呈现周期性变化，就业的波动与经济的周期波动相互联系。西方国家几次大的经济危机都引起了大量劳动者失业。最后，经济增长对就业规模和质量的影响。经济增长，创造更多的精神财富和物质财富，科学技术、生产管理和组织进一步提高，劳动者也能获得更多的收入，进而有继续深造的物质基础，劳动者的数量和质量会得到提高。反之，经济发展下降，大量劳动者失业，在维持生计都成为问题的情况下，劳动者的数量和质量将会下降。

2. 经济结构变化对就业结构的影响。社会政治经济结构变化也是经济发展的一种形式，对就业有显著影响。我国的产业结构、收入分配结构、人力资源结构等社会经济结构变化以及长期的城乡二元化经济结构都会影响到就业[3]。首先，中华人民共和国成立后，我国长期实行计划经济体制和城乡分割管理模式，导致城乡经济结构和劳动力市场

---

[3] [美] 卡耐基职业生涯核心编译组. 你的一生要有一个计划：改变你一生的职业生涯 [M]. 北京：民主与建设出版社，1999.

二元化。城市劳动者由国家安排就业，为保障城市劳动者就业，甚至牺牲经济利益，城市劳动者处于低工资高就业的状态；而农村劳动者被户籍政策束缚在农村土地上，难以流动，导致大量劳动力被浪费。二元经济结构变化后，彻底取消了二元劳动力市场，化解了就业矛盾，消除了二元结构下就业的户籍歧视、区域歧视、社会保障歧视，实现了城乡统筹就业的发展目标，使劳动就业成为经济发展的推动力而非阻力。其次，产业结构不断调整，推动着就业结构的调整。产业结构的调整直接影响了劳动力在第一产业、第二产业、第三产业的流动。最后，经济结构变化促进收入分配结构变化。改革开放前，公有制经济占据主体地位，所有制较单一，收入分配结构单一，不利于就业的扩张。改革开放后，公有制为主体，多种所有制经济共存，收入分配结构多元化，适应了不同层次的生产力水平，同时也促使不同文化层次的劳动者在不同领域的不同工作岗位上就业。

3.经济发展对劳动力数量和质量的影响。经济发展对劳动力机构的影响主要体现在以下几个方面：一是经济发展对劳动力数量的影响。科技进步促进劳动生产率提高的同时，也为社会提供了更多的就业机会。经济快速发展，生活水平提高，劳动力可以进行生产和再生产，为劳动力市场提供大量的劳动者，直接影响就业率和就业总量。二是经济发展对劳动力质量的影响。经济发展，物质资料丰富且有剩余，更多的劳动者可以获得教育和经验的传承，能够提高劳动者的质量。三是经济发展对劳动力结构的影响。经济发展和科技进步可以改善劳动力的就业结构，促使劳动者从粗放经济向知识经济转移，从农业、工业逐步向服务业转移，从夕阳产业向朝阳产业转移，从体力劳动向脑力劳动方向转移。

（二）就业对经济发展的影响

1.就业数量对经济发展的影响。一个国家的国民财富积累是由劳动生产率和参加生产的劳动人数确定的，劳动就业对经济发展具有非常重要的影响。劳动力和生产资料相结合，生产社会物质财富和精神财富，刺激和推动着新的产品和服务的诞生，满足社会成员不断涌现的多种多样的生存及发展需求。劳动力为产业部门提供了脑力和体力劳动，不断创新，生产新的产品和服务，进而增加社会财富积累，推动了人类社会经济的发展。

2.就业质量对经济发展的影响。工人的平均熟练程度、科学的发展水平和其在工艺上应用的程度等都可以影响生产力。劳动者素质越高，越促进生产力的发展，促进经济结构的转型升级。劳动者的素质主要体现在受教育水平上，劳动者教育水平提高，所具有的知识、技能在生产中发挥更好的作用，可以创新创造出更多的社会财富。劳动者素质提高，从事更多的高科技的工作，满足产业转型升级后不同就业岗位对高素质劳动者的需求，促进劳动生产率的提高，有利于高科技经济的发展。

3. 劳动者就业对社会经济发展的影响。劳动者就业对经济持续增长和社会稳定发展具有重要意义。首先，劳动者就业可以减少贫困。劳动就业可以提高劳动者及其家庭的收入，满足衣食住行等最基本的生存需求，减少贫困现象的发生，进而促进社会稳定。其次，劳动就业可以保障劳动力可持续再生产，接受良好的教育，增加劳动力的数量和质量，提高全体社会成员生存和生活的质量，促进经济可持续发展。最后，改善就业可以实现人的全面发展。经济发展的最终目的是人的全面发展，满足基本生存需求、获得社会的认可、实现自我价值等都需要劳动就业来实现。

第三节　经济发展和扩大就业间的互动模式

经济发展与扩大就业两者之间是相互影响、相互依存的，经济的发展可以增加就业岗位，为扩大就业提供动力；而扩大就业可以为经济发展提供更多的经济增长点，保证经济发展的可持续性。实现经济发展与扩大就业之间的良性互动，对我国经济增长及就业形势的改善有着重要作用。但是，经济发展与扩大就业的互动效果会受到许多因素的影响，要想实现良性互动，必须要解决互动过程中的问题，协调好两者之间的关系。对此，本节针对当前经济发展所带来的就业问题进行了分析，阐述了实现经济发展与扩大就业间良性互动的关键点，并提出了实现经济发展与扩大就业间良性互动的策略，希望能为我国经济发展与扩大就业提供一定的帮助。

一、当前经济发展形势带来的就业问题

第一，经济转型带来的就业问题。目前，我国正处于经济转型的关键阶段，许多传统制造业开始向技术创新产业转型。以技术创新为动力是我国经济发展的必然趋势。但是空有技术创新，却没有与技术相匹配的先进设备与人才也是不可行的。首先，企业技术创新会需要大量的科技型人才。企业在规模不变的条件下，岗位设置的数量也不会有太大的变化，如果引进大量的科技型人才，那么原有的不符合企业技术创新发展要求的人员就会被迫下岗，造成结构性失业。这些失业人员当中有的已经在该岗位工作了很长时间，年龄也比较大，再次就业将会有很大的难度。其次，由于技术创新对专业性要求比较高，所以在劳动市场当中难以找到符合企业要求数量的高素质人才。而一旦人才供应不足，企业的技术创新也会受到一定的阻碍。

第二，平均工资水平提高带来的就业问题。在过去很长一段时间，我国的劳动力成本都比较低，大多数劳动密集型企业利用这一优势大力发展经济。现如今，社会经济迅速发展，人们对工资与社会待遇的要求越来越高，传统的发展方式已经无法满足当前的经济发展要求，提高工资待遇水平、增加社会保障福利成为社会经济发展的必然趋势。平均工资水平的提高对就业形势而言，有利也有弊。一方面，平均工资水平提高，人们就获得了更多的经济收入，消费水平也就更高。消费拉动经济，通过扩大内需的方式，促进市场经济的发展。而经济发展后，就可以为就业人员提供更多的就业岗位。另一方面，平均工资水平提高，企业运营的成本就会提高，如果运营成本提高的幅度太大，那么企业运营的经济效益将受到较大影响。特别是某些中小型企业，本身的盈利能力就不是很强，如果运营成本大幅度提高，那么企业将难以继续吸纳人才，甚至还要在原有基础上裁员，以保证企业的正常运行。

第三，扩大内需与提高汇率带来的就业问题。以前我国的经济都是靠外需拉动的，而近年来，我国积极采取措施扩大内需，使内需成为我国经济发展的主要动力。这种经济发展动力的变化并非偶然，而是生产方式、产业关系调整的必然结果。经济发展动力的转变，意味着社会资源分配、社会价值观、社会消费行为以及相关经济政策的变化[4]。从长远的角度来看，扩大内需的方式可以有效促进经济发展，缓解就业压力，但是内需市场的发展需要一个漫长的过程，不仅要优化产业结构，还要对产业结构调整所带来的劳动力转移问题进行处理。大量的劳动力转移使劳动力市场产生较大的波动，从而影响到就业。而汇率的提高会使我国经济发展受全球经济形势的影响，许多中小型企业的运营成本会大大提高，对人才的资金投入将会明显减少，所以增加了社会就业压力。

二、实现经济发展与扩大就业间良性互动的关键点

要想实现经济发展与扩大就业间的良性互动，必须要把握好关键点，协调好经济发展与扩大就业间的关系。具体来说，就是在经济发展的过程中，要考虑社会的就业形势；在扩大就业时，要考虑其对经济发展的影响，两者相互依存、共同发展，任何一方都不能被忽略。过去都是让就业单方面地适应经济发展形势，而如今必须要实现经济发展与扩大就业间的良性互动，在保证社会就业率的同时，促进经济发展。实现经济发展与扩大就业间良性互动的关键点如下：

第一，经济发展与扩大就业的协调。实现良性互动最重要的就是互动双方关系的协调，防止出现经济发展速度快、就业困难或者就业率较高、经济增长缓慢的情况。扩大

---

[4] 郭文臣. 新型职业生涯的挑战与应对 [M]. 北京：科学出版社，2015.

就业与经济增长之间是相互推动、相互促进的关系，所以，在经济发展时，要控制好发展速度，防止速度过快而导致企业盲目增加就业岗位，造成大量的资源浪费；在扩大就业时，也不能盲目地追求数据，防止经济发展过程中出现"泡沫经济"等问题。

第二，劳动力的优化配置。劳动力的优化配置是实现经济发展与扩大就业间良性互动的重要手段，其可以有效降低企业的失业率。在经济转型过程中，产业结构发生变化，传统的劳动力配置方案不符合当前经济发展的要求。因此，必须要优化劳动力配置方案，在发掘新经济增长点、增加就业岗位的同时，还要对劳动力资源进行合理分配。比如，对结构性失业人员开展转职培训工作，加大对失业人群的救助，加强对再就业人员的扶持等，使结构性失业人员能够尽快适应当前的社会环境。

第三，人力资源的合理开发。在开发人力资源时，必须要考虑到对经济发展与扩大就业两方面的影响。同时，要注意人力资源开发过程中的人性化因素，改变过去劳动力被动接受环境的行为，合理开发人力资源，使人力资源开发在促进经济增长的同时，提高社会的就业率。

三、实现经济发展与扩大就业间良性互动的策略

第一，促进新兴产业发展。促进新兴产业发展，扩大新兴产业规模是我国目前为解决就业问题所提出的重要战略。我国对新兴产业的发展进行了严密的规划，把节能环保型产业、信息技术型产业、生物研究型产业、先进设备制造产业、新能源开发产业、新材料研发产业及新能源汽车制造产业等七大新兴产业作为战略发展的主要目标。这些新兴产业出现的时间比较晚，发展处于起步阶段，所以存在较大的发展空间，再加上这些产业通常都具备与之匹配的产业链，所以推动新兴产业的发展对改善就业形势、促进经济增长有显著的效果。在促进新兴产业发展的过程中，通过完善服务体系、合理分配劳动力资源、大力推动技术创新的方式扩大新兴产业发展规模，从而为就业人员提供更多就业岗位，最终实现由产业发展带动就业。

第二，扩大传统产业就业需求。虽然经过长期的发展，我国的经济体系与产业结构都已经基本形成，但是总体水平不高，农业生产效率比较低，工业发展还未完全实现自动化，高新技术产业技术还不够成熟——三大产业都还有较大的发展空间。利用这一优势，就可以扩大就业。加大技术创新力度，优化产业配置，增加企业吸纳就业的容量。将劳动密集型产业与技术创新型产业融合在一起，既能充分利用劳动力资源，又能推动技术创新，提高企业的核心竞争力。首先，在农业方面，现代化农业重在技术创新和生产管理，所以对技术型人才与生产管理型人才的需求量有所提高，为农业技术型人才以

及农业生产管理型人才提供更多就业的机会，也为附近农村劳动力的就业创造条件。其次，调整工业发展结构，促进高技术产业就业。我国中低技术型工业吸纳就业的能力比较强，相比而言，高技术产业吸纳就业的能力相对薄弱，还有较大的发展空间，所以需要调整工业发展结构。最后，促进社会服务行业的发展。目前我国服务业就业主要集中在商业服务与技术服务行业，而社会服务行业从业人员相对较少，还存在较大的发展空间，所以要促进社会服务行业发展，挖掘社会服务行业的就业潜力。

第三，鼓励中小型企业吸纳就业。虽然大型企业可以一次性提供大量的就业岗位，但是全国的大型企业数量较少，绝大部分都是中小型企业。中小型企业为我国经济增长做出了巨大的贡献，且为我国提供了大量的就业岗位，因此，鼓励中小型企业吸纳就业成为我国缓解就业压力的主要手段之一。但是就目前而言，我国中小型企业缺乏强有力的融资手段，投资较少，其严重制约了中小型企业的发展。我国为解决这一问题，对中小型企业的发展进行了规划，鼓励大型企业带动中小型企业发展，使其成为集中的产业群；出台相关财政税收优惠政策，为中小型企业提供更多的融资渠道，从而促进中小型企业的发展。

目前，我国必须要协调好经济发展与扩大就业之间的关系，通过促进新兴产业发展、扩大传统产业的就业需求、鼓励中小型企业吸纳就业等手段调整产业结构，优化劳动力资源配置，提高社会就业率，实现经济发展与扩大就业间的良性互动。

第四节 就业在社会经济发展中的优先地位

就业问题在人们的日常生活与社会生活中扮演重要角色，它是一个人实现自身劳动价值最直接的体现，从社会层面上来说，就业是民生之本。它不仅能够促进社会发展与进步，还有利于社会和谐稳定。从劳动者自身层面来看，就业是其取得经济报酬的主要途径，是生活的主要经济来源。在社会经济发展政策中，我们有必要也必须要把就业置于优先发展的地位，只有这样才能更好更快地实现社会和谐发展这一伟大目标。

一、就业在社会经济发展中的重要性

就业问题在世界范围内一直都是难以解决的问题。我国就业形势依然严峻。因此，我们急需找到一个更合理有效的措施缓解这种超负荷的就业状态。

就业在社会经济发展中的重要性，体现在生活的各个方面。一是从社会发展角度来

看，就业是民生之本，它是巩固并提高经济基础的关键实现形式。一个良好健康的就业形势能够推动社会经济的发展，加快国家发展的步伐，促进社会稳定和谐发展。相反地，一个严峻且不容乐观的就业形势，必将会阻碍社会的稳步发展。对于国家而言，良好的就业形势是安国之策，它能够保障社会经济体系的正常运转。二是从个人发展角度来看，就业是劳动者实现个人价值的重要手段。就业者通过个人的劳动获取劳动报酬，维持了生活的来源。与此同时，就业者也实现了自身的社会价值，提高了精神境界。事实证明，只有个人生活拥有了物质上的保障，才能更好地促进其他方面的进步。所谓的"经济基础决定上层建筑"，是有充分的现实依据的。

二、就业在我国社会经济发展中存在的问题

关于就业这一问题，是具有长期性与紧迫性的特点。因此，我们更应该将就业问题放在社会经济发展的优先地位。就业问题突出体现在社会生活的多个方面。首先，快速增长的劳动力对高效就业造成了阻力。市场提供的岗位需求不能满足劳动力人口的需求，因而使就业处于饱和状态。逐年攀升的高校毕业生数量，更是让就业趋势面临着严峻的挑战，因此说"毕业即失业"这句话不为过。其次，就业结构不合理。如经济结构转型、社会生产技术的提高等多方面原因，加大了就业的困难程度。最后，失业人员再就业成功概率偏低。我国是一个经济发展不平衡的国家，这种不平衡表现在区域与产业及行业等方面。

三、针对就业处于优先发展地位应采取的措施

有效解决我国当前就业形势是刻不容缓的大事，将就业摆在我国社会经济发展政策的优先地位是具有前瞻性与必须性的重要决定。因此，国家、政府、社会和个人需要共同努力与积极配合，寻求高效应对就业难题的政策与措施。

1.从国家层面来看，国家要采取积极的就业政策。一方面，逐渐规范就业市场机制，打造良好的就业环境。可以建立完善的就业服务体系，如可以针对就业者开展定期的职业指导，同时拓宽就业信息渠道，使就业信息的流动更为广泛。另一方面，要不断完善劳动力市场，做好人才储备工作。随着现代经济技术的飞速发展，在激烈的市场竞争中更加需要人才。因此国家应该重视人才的培养与储备，并为他们提供可供发挥价值的空间。此外，还要建立健全就业和社会保障制度，如积极探索"互联网＋就业创业"工作新模式、加快构建覆盖城乡居民的社会保障体系等。

2.从政府层面来看，政府要大力支持中小企业的发展，同时还要鼓励并引导自主创

业。中小企业尤其是服务类的企业，可以为市场提供更多的岗位需求，这在一定程度上缓解了社会的就业压力，让更多的劳动者走上了工作岗位，同时也促进了企业的发展与运营。对于自主创业的劳动者，政府可以提供一定的资金与技术支持。例如，政府可以和银行等金融机构沟通，不断加大创业担保贷款的扶持力度，以及对进驻创业园区的创业者提供一定程度上的税费减免等[5]。

3. 从社会层面来看，社会要为广大就业者提供一个平等的、和谐健康的就业氛围。要端正对就业者的态度，不要搞性别歧视。虽然女性和男性相比，在劳动力方面女性普遍处于相对劣势状态，但是也应该看到女性就业者的优点与特质。应该以考察就业者的工作能力和自身素养为主，从而增强就业者的工作自信。

4. 从个人层面来看，劳动者要不断学习，提高自身就业能力和劳动素养。要着眼于现实，不要眼高手低。同时还要树立健康的就业观念，所谓"三百六十行，行行出状元"，只要脚踏实地、认真勤奋，都会成就一番事业，从而实现个人价值。

优先发展就业，我们还有很长的路要走，还有很多的现实问题要解决。我国当前面临着严峻的就业形势，需要各方面的积极努力与配合，既要实现劳动力输出的战略，也要增大劳动力内需，从而实现充分就业。政府要把就业放在优先地位，积极培养人才，增强就业者的劳动能力与就业水平，这样才能有效解决中国就业难的问题。

第五节　知识经济与就业方式多元化

知识经济是以知识尤其是科技知识为基础的经济，是与工业经济、农业经济相对应的一个概念。"知识改变命运、知识创造未来"，如今正处在知识爆炸的时代，知识的更新、技术的改进使经济的发展异常迅猛，从而导致一些人面临失业，同时也给人们发展自我、开拓未来创造了很多就业机会。因此知识经济与就业方式之间的关系就变得更加复杂，看似矛盾却相依存，既是严峻的挑战却也蕴藏着更好的生存与发展机遇。本节从知识经济与就业方式的关系出发，探讨在知识经济下，如何实现就业方式的多元化，进而促进社会稳定与和谐发展。

一、知识经济与就业方式的关系

知识经济的快速发展，对劳动者的就业影响越来越明显。一方面，知识与科技的创新和进步会使许多传统的技术因落后而被取代。从就业角度来看，知识经济与科技的发

---

[5] 张婧. 情商左右你的职业生涯 [M]. 北京：朝华出版社，2010.

展必然会造成劳动力需求下降从而导致就业人员失业。另一方面，新技术、新工艺的出现对企业的壮大发展又是一个新的机遇，同时还能够为劳动者提供更多的就业机会。可见知识、科技对劳动者就业既有消极的影响，又有积极的作用。

（一）知识经济对就业方式的消极影响

知识经济的快速发展正以迅雷不及掩耳之势影响着各行各业，这使得落后的生产方式被先进的生产方式所取代、人工制造逐渐被智能制造所取代。以智能制造为主导的第四次工业革命的到来，使"智能工厂""智能生产""智能物流"等全方位智能化的产业渐渐成为主流，工厂利用各种现代化的技术，实现生产、办公、管理的自动化。"智能化"将取代落后的技术，它的出现意味着需要的劳动力会越来越少，即使劳动者的原有技术和综合素质较高也有可能被淘汰。在知识经济大发展的背景下，现代企业的管理与科学技术之间的联系更加紧密，企业的管理方式将不断地进行改革与创新，主动调动企业的生产力，将各种生产要素有机结合起来，从而实现整个企业的生产和管理模式的合理配置，这样一来对劳动力的需求量却大大减少，且对劳动者的技能、技术、综合素质等要求的门槛和标准却越来越高。科技的发展、知识的更新，对于企业而言无疑是一个新的发展机遇，而对于劳动者来说却面临更大的挑战，甚至会面临失业，无意间会对劳动者产生较大的就业压力。

（二）知识经济对就业方式产生的积极作用

知识经济的发展可以说是日新月异，企业必须与时俱进、不断创新，才能跟上不断发展的社会脚步，才能在竞争激烈的经济社会中立于不败之地。与之相应，对就业方式而言，会出现新的变化。

1. 劳动力的知识结构和技术水平会发生变化。计算机网络技术与通信技术对知识经济的快速发展起到了极大的促进作用，技术的创新与发展给就业方式带来了新的变化，给传统的就业形式带来了新的挑战。这就要求劳动者必须努力学习、不断进取，牢固掌握相关知识与技能，这样才能与时俱进，才能在知识突飞猛进的今天，不被快速淘汰。

2. 工作的时间、地点、空间会发生改变[6]。传统的工厂，其劳动者必须到生产基地、工厂等生产一线上班，办公地点固化。随着科技的进步，人们可以不分时间、不分地点、随时随地进行办公，上班更智能化、远程化、人性化，不再受时间、地点、空间的约束。

3. 知识经济的大发展，使产业结构、就业结构发生了变化。随着科学技术水平的不断提高，技术含量高的行业，如信息技术、生物工程技术等领域，需要的体力劳动者会减少；生产技术的智能化会导致第一、第二产业对劳动力的需求下降，较多的劳动力面

---

[6] 汪莉.职业生涯规划与管理[M].北京：华侨出版社，2008.

临失业，第三产业即服务业需要的劳动力高于第一、第二产业生产企业的就业人数。不管是哪一领域都需要人们不断进行知识系统的更新、技能上的全面升级。在知识经济快速发展的背景下，科学技术越来越发达。21世纪将是信息革命的世纪，也是生命科学技术的世纪，是新材料、先进制造技术迅速发展和广泛应用的世纪，是人工智能的世纪，所以，21世纪对较低技术的劳动力需求会越来越少，并在各个领域都需要综合应用型人才，除要满足于专业知识、专业技能以外，对这类人才的职业道德、思想品德等综合素质的要求也会越来越严格。

二、在知识经济发展下，实现就业方式的多元化

科学技术的进步、知识经济的发展，对就业产生了巨大的影响。社会经济的发展离不开科学技术的进步，同时也离不开劳动者的勤奋努力。知识经济的发展，导致了就业方式的改变，原有的知识结构与技能技巧已经不再适应新经济的需要，知识经济的兴起，将会引起世界经济格局的重大调整，引起人类社会生产方式和生产关系的重大变革，并由此引发人们就业方式与就业结构的改变。

（一）加强学习，提高综合素质

现代社会科学技术不断更新发展，企业员工为跟上时代脚步、不被社会所淘汰，必须与时俱进，必须具有紧迫意识和创新思维，员工必须加强学习，不断进行知识的积累，要有"活到老，学到老"的精神，要明白知识储备越多，越能顺应时代的发展。在熟练掌握技术的过程中，还要不断创新。在知识经济时代，传统的思想观念会受到冲击，因此劳动者的思想观念必须有所转变，要树立正确的资源共享、合作共赢、质量至上、讲究效率、爱岗敬业等思想观念。企业应该加大投入的力度，对员工定期进行新知识、新技术的培训，让员工知识与技术不断提升，适应能力不断加强，进而促进员工的发散思维，为企业的创新发展储备更多的竞争实力。

（二）党和国家高度重视，就业渠道更具多元化

在知识经济大发展的时代，缓解就业压力、拓宽就业渠道，离不开党和国家的支持与重视。党的十九大报告中指出："就业是最大的民生。要坚持就业优先战略和积极就业政策，实现更高质量和更充分就业。大规模开展职业技能培训，注重解决结构性就业矛盾，鼓励创业带动就业。"可见党和国家对就业问题的高度重视。在实际工作中，可重点扶持和培育新兴产业、现代服务业、现代信息技术产业等，努力创造更多的就业岗位，劳动者可以灵活多样地选择部门和岗位就业。一改过去就业渠道过于单一的常态，使就业方式变得多样化。另外大力培育和支持中小企业的发展，鼓励人们自主创业，或者发展自由职业，为劳动者提供更多的就业岗位，也是解决就业问题的有效途径。

三、经济发展、就业渠道多元化可促进社会和谐发展

就业问题不仅关系千万家庭的切身利益,而且关系社会的和谐稳定与持续发展。中国人口众多,底子较薄,生产力的发展不平衡,要发展"科学技术"这个第一生产力,才能科技兴国、科技强国。在发展高科技产业过程中,计算机通信、生物工程技术、新材料、人工智能等科技产业不断兴起,而这些高科技产业对体力劳动者的需求必然减少,对拥有较高技术水平的专业人员的需求会不断增加,必须实施科教兴国、人才强国的方针政策,让劳动者在就业的过程中做好知识的学习与贮备、技术的熟练与创新,不断提高自身的综合素质,不断累积新知识、新技术来满足自身的就业。总之,只有让人们能做事、有事做、做好事、有稳定收入,人民安居乐业,国家才能安定,社会才能和谐,民族才能兴旺,中国才能从一个经济大国转变为一个经济强国。

第四章 产业经济的理论

第一节 我国产业经济及其发展

产业在经济发展中起着至关重要的作用。产业经济学的研究是根据广义的产业定义来进行的。产业可分为三个层次：第一层次是指以同一商品市场为基础的产业组织；第二层次是指以经济活动的不同阶段为基础的产业结构；第三个层次是产业关联，基于过程与技术的相似性。

一、产业经济的现状

鉴于对发达国家的产业化发展道路的认知，从总体上来看，我国经济增长方式尚未实现根本性转变，乃至当前我国仍然在一定程度上延续这样的增长方式。具体体现如下：

（一）来自国际竞争的压力是巨大的

在新时代，中国的经济发展水平有了很大的提高。但在经济全球化的今天，国际竞争压力有增无减，发达国家仍占据较大的科技优势，为巩固其国际地位，发达国家利用技术优势压制中国的经济。当有一个先进的技术出现，它将阻止中国获得核心技术，避免中国率先抢占技术的制高点。当中国发展新的科学技术，他们会模仿和限制中国发展。这阻碍了我国经济的发展速度，而且不利于中国产业的升级和自主研发的推进。

（二）有产业集群的障碍

目前，中国的产业经济尚未形成一个合理的经济秩序、经济交往诚信问题依然突出，市场经济仍然缺乏科学的规则。此外，劳动经济和社会分工的不合理现象突出，企业之间的竞争日益激烈，很难形成良性的合作与竞争。不仅类似的行业过于拥挤，而且经济部门的管辖也很难。不同的行业受相应的科学技术委员会、经济委员会和商务委员会的管辖，彼此之间的利益难以协调，不同行业很难成功地整合。

（三）产业生态脆弱

经济的快速发展给社会带来了机遇，也给生态环境带来了更大的损害。经济发展带来的环境问题依然严重，生态建设还远远落后于发达国家。因此，中国必须积极调动各方面的力量，使社会的公民、企业和政府达成环境保护的共识，并通过国家强制力来推动建立可持续的产业发展模式。产业生态系统的建设既要考虑社会层面，又要考虑自然层次。

（四）企业人才流失严重

目前，我国普通劳动者总体工资福利水平仍然偏低，职工没有富余的资金进行再教育和其他技术培训等。在这种情况下，国内工作人员的整体素质无法提高，前端技术产业缺乏核心人才，导致我国产业技术结构不协调。此外国内培养的高端人才常常被国外公司挖走，使原本稀缺的人才外流更为严重。而新人才的培养会耗费大量的时间和费用，企业的人才供给滞后于市场需求的快速发展，阻碍了产业的发展。

二、产业经济的发展趋势

构建社会主义和谐社会以及实现经济的全面协调可持续发展，最根本的是全面落实科学发展观，走产业经济发展之路。具体体现在以下方面：

（一）产业经济一体化

随着新技术革命和经济全球化，全球经济发展越来越快，产业的国际竞争优势开始改变，服务业和信息产业逐渐取代依靠自然资源的制造业。产业间的国际合作越来越多，国内产业不仅受到国内经济环境的影响，而且受到国际经济关系的制约。产业互动和国家间经济互动逐渐增加，产业体系呈现交叉横向、多层次、多元化的立体结构。各国原有的独立产业结构受到冲击，经济体制朝着相互竞争、相互制约、相互渗透、相互依存的方向发展。同时，国际经济一体化加速了技术的融合，国际产业结构的一体化和重组促进了产业融合的出现。

（二）产业中心正在发生变化

在经济全球化下，许多国家的交叉持股、贸易和投资正在增加，形成了一个相互制约、相互沟通、相互渗透的全球产业体系。随着经济和社会的发展，产业结构不断调整，对优化全球资源配置具有积极作用。随着产业整合的推进，中国的产业结构也面临着国际社会的密切联系以及向更开放的方向发展。

（三）产业经济的绿色化

生态环境关系人类的生存和经济的长期稳定发展。产业经济的绿色发展是经济发展的必然趋势。在自然发展规律的前提下，建立有机循环的产业发展模式，对资源的优化配置和循环利用具有积极的作用。除了追求经济利益，关注社会环境，产业经济由于环境污染造成的生产和消费减少，开始追求经济发展的和谐，追求人与自然的和谐。我国也开始积极进行新的探索，了解制约经济发展的各种因素，不断完善我国产业经济发展。

三、基本结论及建议

针对中国与世界融为一体的过程中区域战略性产业布局的现状及未来可能的发展趋势，基于本节理论论述，提出以下参考意见及政策建议。

（一）提高科技水平，优化产业集群

加快产业结构的调整，为传统产业发展积极创造的发展空间，加大新兴技术在传统产业中的运用，不断提高产品的质量、服务和生产水平。重点对轻工、煤炭、纺织、钢铁等行业进行改造，不断优化产业发展状况。积极推动高技术企业的发展，为其成立发展基金，广泛吸收高技术人才，以推动传统产业的变革。在紧跟世界科技发展方向的前提下，加快新材料领域的创新。在此基础上，还要积极扩大优势产业的发展领域，集中力量攻破核心技术，使我国的产业经济达到跨越式发展。不断优化产业集群，做到因地制宜、符合实际。不同地区的经济水平及区域优势等实际情况是不同的，因此构建产业集群应当具体问题具体分析，充分发挥中小企业的作用，避免只注重大企业的发展，做到产业集群内大小企业的互补，使集群整体的竞争实力得到提高。

（二）加强人力投入，优化生态环境

劳动者的自身素质对于产业发展有着至关重要的作用，因此，要积极优化人力资源激励、保障机制，在提高员工综合素质的同时，激发员工的工作积极性，推动产业经济的发展。同时还要注意经济与环境的协调发展。建立循环经济要靠多方面的努力，加大环保的经济投入，用再生能源和清洁能源代替传统能源，促进产业经济的发展，使更多的工艺流程符合生态建设要求，不断推动循环经济、生态产业的发展。

产业经济是新的经济增长模式，按照可持续发展的理念，中国产业经济的发展走新型产业化道路是必然要求，防止和减少对环境的污染，是科学发展观选择发展的必然要求，也是可持续发展的必然要求。本节主要讨论了影响中国产业经济发展趋势的相关问题。可以看出，中国产业经济仍然存在一些问题，如生态产业薄弱、企业人才流失严重、产业集群的国际竞争压力很大。我们可以通过提高科技水平，优化产业集群，加强人力投入和优化生态环境，推动中国产业经济的发展。

第二节 产业经济发展新趋势

经过40多年的改革开放,我国产业经济发生了深刻的变化,在加入世贸组织之后,我国产业经济开始融入世界经济中,并参与到国际市场分工,开始适应国际产业的发展新趋势。实践研究证明,产业经济战略调整能够促进我国经济发展、提升人们的生活水平。为此,需要相关人员加强对产业经济发展新趋势的研究分析。

一、我国产业经济发展现状

(一)国际上对我国科技发展带来的压力

近几年来,虽然我国科技水平不断进步,但是和国外科技相比,我国在国际市场上的科技竞争力不高,加上西方国家对我国科技发展打压,使得我国科技发展面临层层阻碍。科技发展受阻使产业经济战略无法实现,制约了我国自主技术研发和产业升级。

(二)我国产业集群化发展面临的障碍

产业集群化发展面临的障碍具体体现在以下几个方面:第一,缺乏严格的产业市场竞争秩序,产业集群发展缺乏必要的诚信和良好的环境支持。第二,企业之间的发展没有实现专业化分工,各部门之间的工作零散、缺乏配合,导致企业内部存在重复施工建设的问题。第三,不同行业企业之间各部门各自为政,在发展的时候只考虑部门利益,忽视了对企业整体利益的考虑。

(三)企业人才的缺失

受我国工资水平不高的影响,工人在工作之后无法定期受到专业技术培训和再教育,工人的基本素质普遍偏低,导致我国一般工程技术性人才较多,但是高端技术性人才较少。在经济全球化的冲击下,我国在缺乏高端技术人才的背景下,产业经济发展将会显得更加困难,一般工程技术人才也会被国外跨国公司吸引,加速了人才的流失。

(四)产业经济生态化的薄弱

我国产业经济发展虽然开启了循环经济生态示范园区,但是和发达国家相比在思想理念、技术应用、体制等方面存在着较大的差距,产业经济循环生态化发展实力比较薄弱。

二、产业经济发展新趋势分析

（一）实现全球化产业转移

受经济全球化的影响，我国产业体系也融入全球经济范围内，产业竞争优势的彰显不仅表现在企业总体经济实力，而且表现在企业自身发展和上下游产业国之间的关系上，即上游企业的发展优势能够为下游企业发展提供重要的支持。另外，企业产业和相关产业之间的配合也能够帮助企业在经济大潮中获得竞争优势和地位。在这种经济背景下，我国产业经济发展新趋势之一就是产业转移全球化。

第一，产业转移全球化的实现能够使企业发展打破自身资源和市场的束缚，加强企业各生产要素在全球范围内的优化配置，促进企业发展战略国际化。另外，产业分工从不同产业全球分工朝着企业内部的全球分工转变发展，在企业生产要素的不断积累下，企业内部也会发生革命性的发展变化，参与到国际分工体系的国家，其产业结构调整都会受到世界性产业转移的影响。第二，产业转移全球化影响国家结构经济调整。国际性的产业转移是经济全球化发展的产物，受国际贸易和技术经济发展不平衡的影响。在国际性的产业转移发展中，国际资本往往是从高流向低，同时会带动产业其他资源的转移，影响国际分工布局和国家的世界经济地位。长期以来，发达国家控制着高新技术产业核心技术，并以多种方式向发展中国家传递过剩生产力，能够带动发展中国家的新发展。同时，发展中国家也会利用自己在国际分工上的优势，积极吸收借鉴发达国家产业转移带来的一切资源和力量。

（二）实现全球化产业升级

受经济全球化的影响，各个国家通过跨国公司开始进行交叉投资，实现了本国贸易的国际化发展。通过跨国流动形成具有自身特色的相互渗透、相互关联的全球性产业体系。在全球性产业体系的影响下，能够促进产业内部各环节、要素和技术的调整，促进资源的合理优化配置。

经济全球化背景下产生的产业调整和产业转移为产业升级提供了重要支持，表现在产业调整和转移带来产业数量的扩张性发展，产业数量增长带来了更多的高新技术和更大规模的产业。之后，在国和国之间的交流下，产业升级进度加快，呈现全球性发展趋势。

发达国家主要是发展高科技产业，并在全球寻找支持高新技术发展的资源，跨国公司对分散的资源重组优化，降低了高新技术产业研发的成本，促进了高新技术产业的大规模、国际化发展，并逐渐渗透在发展中国家的产业发展中。很多发展中国家利用发达国家的技术优势承接发达国家在产业转移中的剩余技术，并结合自身发展将这些技术转换为自己的高新技术，由此技术贸易在全球范围内展开。

（三）融合化的产业经济

受经济全球化和新技术革命的影响，世界经济运行发展主体从侧重制造业和自然资源利用的企业向侧重信息资源和服务业的企业过渡，以往的环境要素开展向内置化的企业系统要素发展转变。原来以国家为边界的产业系统朝着一种多层次、多元化的发展方向转变。

全球产业体系的形成对世界各国独立产业体系产生了冲击，由此在全球范围内形成了即互相独立又相互依存、制约的产业经济体系。加上科学技术的发展进步，各个国家之间的融合发展程度加强，产业经济显示出了融合发展的趋势。

（四）知识化的产业经济

世界产业结构开始从刚性结构向柔性结构转变，即表现在从生产重型化生产技术结构向以服务、知识、信息和服务等为主的软型化生产结构转变。这种产业结构的变化使得金融业、信息行业、服务业在国民经济比重中加大，使得世界产业结构呈现了知识化发展趋势。产业结构知识化主要表现在以下两方面：第一，教育和科研产业化发展。教育和科研产业化发展促使企业在发展过程中加大了对知识和服务的需求。社会对知识和人才的需求增加，促进了世界各国科研教育的扩张。在知识力量的作用下，教育和科研发展对我国经济发展产生了重要的作用，为此，知识可以作为一种产业进行发展。第二，从事研发、管理、咨询服务等知识型人才所占比重加大。传统第三产业的发展是指服务业，包括各种经营管理活动、信息处理、财务会计、后勤保洁等。在生产力不断提升和产品知识密集化的发展趋势下，企业自我服务发展无法满足更高效率的要求，一些服务生产从加工制造业中脱离出来，由专业的公司和机构管理，由此知识产业在产业经济中的比重逐渐加大，产业经济呈现出知识化的发展趋势。

（五）绿色化的产业经济

产业经济绿色化主要是指产业在发展的时候根据自然生态规律来确定不同的发展模式，不同类别的产业部门要结合发展实际建立资源循环再利用发展模式，从而在发展产业的时候尽可能地减少对自然生态环境的破坏。伴随可持续发展战略的提出，世界范围内引起了一场绿色革命，在人们生活水平的不断提升下，人们加强了对绿色产业经济的追求。产业经济发展迫切需要进行绿色化发展。通过对产业生态产品的生产、使用和回收再利用实现产业领域和生态环境的融合，促进生态环境建设和产业发展之间的互动交流。

在全面建设小康社会和实现共同富裕发展目标的要求下，产业经济发展需要进一步调整产业结构战略，实现企业工业化、信息化、现代化发展，从而不断推进我国国民经济发展建设水平，提高人们的生活水平。在经济全球化和跨国企业发展的影响下，产业经济发展新趋势表现在全球化产业转移、升级、融合、知识性、绿色化发展几方面，基于产业经济发展的综合性特点，需要相关人员进一步加强对产业经济新趋势的分析，结合实际探讨出适合自身产业经济发展的策略。

第三节　产业经济与公共政策

对于产业经济而言，其发展与公共政策关系密切，二者相互影响。因此，不能忽视公共政策对社会经济发展战略及方向所产生的作用，要借助对公共政策的调整和创新，为产业经济赢得更加优越的制度环境。

当前，我国经济处于转型和结构调整时期，公共政策的制定和执行需要积极配合推动这一进程的发展。在产业经济发展的过程中，社会关系起着不可替代的调和作用，扮演着重要角色，为此，要理清产业经济与公共政策的关系，实现二者的和谐，在根本上推动经济的发展。

一、对产业经济的概述

对于产业经济而言，其主要有广义和狭义之分。在广义上讲，产业经济涉及各个行业，从生产到流通，都可以称之为产业。立足狭义范畴，产业经济中工业占据重要地位，与经济发展关系密切，因此，很多时候产业经济更倾向于工业部门。在产业经济学中，研究的角度是广义的产业，涉及国民经济的各个行业和部门。在当前的产业经济学中，可以将其分为三个层次：首先是以同一商品市场为单位划分的产业；其次是以技术和工艺的相似性为根据划分的产业；最后是大致以经济活动的阶段为根据，将国民经济划分为若干大部分所形成的产业，即产业结构。产业经济彰显应用性，产业的目的是满足产业分析的需求。

二、对公共政策的概述

公共政策主要是指政府发挥公共职能，推动经济系统与人、社会的协调发展，根本目标是推动经济社会的协调和全面发展。公共政策主要针对的是公共问题，目的是实现公共目标的达成，满足公共利益的需要。首先，公共政策就是一种决策，其具有一定的特殊性，是政策的一种。其次，公共政策的权威性和强制性较为突出。最后，公共政策是政治过程的体现，是其不断进行优化和选择的结果。它主要立足于公共问题、公共目标和公共利益，公共政策可以以积极和消极两种形式呈现。公共政策具有指导性的作用，能够为决策提供依据和前提。

三、对产业经济与公共政策关系的分析

公共政策是随着国家的产生而发展的，是进行国家管理的一种重要手段，对社会经济的各个方面影响深远，关系社会的进程。公共政策涉及的范围较广，涉及政治、社会、经济等诸多领域。在纵向上分析，其主要是政策、基本政策及具体举措等，而横向分析涉及政治、经济、文化、社会等诸多领域。当前，我国经济发展处于关键的转型时期，要推动不同产业结构的调整和优化，这就促使公共政策面临诸多调整，因此，要立足不同的产业对公共政策进行全面、深刻的剖析，形成具有针对性和建设性的建议，为促进各个产业的可持续发展提供支持。

四、运用公共政策推动产业经济的发展

（一）重视借助公共政策实现对产业结构的规划和调整

在当前的经济发展中，也就是在社会生产和再生产的物质投入中，各元素比例发生变化，脑力投入比重加大，知识因素的比重增大，这也是产业经济发生变化的重要方面。因此，在公共政策中，要注重对产业政策的调整，逐步减少第一产业对自然和劳动力的需求和依赖，促进人工智能的应用和发展。重视软件产品的开发，利用其对传统制造业的改变，促使传统制造业的层次提升。要发展计算机产业，加大计算机服务，尤其是发展信息咨询业的相关技术性服务行业，提升高科技产业的发展速度。

（二）重视财政政策的变革

在产业经济的发展中，财政政策发挥着至关重要的作用，尤其是国家和地区给予的优惠财政政策、制定的相关补偿制度，对产业经济发展有着决定性的作用。在财政政策中，主要包含一些教育经费、基础投资、产业扶持等。在这种财政政策的支持下，不同的产业会在经济发展的大环境中获取相应的财政优惠，以及强大的资金支持，从而促进产业的长远发展，并与整个社会经济发展环境相适应。

（三）发挥税收政策杠杆作用

对不同的产业类型，国家结合宏观调控，对税收政策进行差异化管理。在当前的经

济发展中，国家更加重视对高科技产业的税收倾斜，加大对高科技产业的投资力度，制定相关优惠政策，吸引更多的投资，扩大投资领域。

（四）发挥公共政策中金融手段的作用

对于国民经济的发展，金融政策意义重大，尤其是对于一些新兴产业来说，融资问题成为其发展的制约因素。对于融资方式，需要进行方式的拓展，多元化拓宽融资渠道，要积极发展内源融资和财政投资。除此之外，还要积极扩展外源融资方式，尤其是银行贷款、发行股票、企业债券及外资等。

（五）积极发挥政府对产业经济的宏观调控作用

在经济发展中，市场发挥了对资源的有效配置作用，发挥了基础性的作用，但是，政府的调控也不容忽视。首先，要重视对社会分工的细化。这主要是因为诸多高科技产业需要加大技术投入，私人企业很难全面满足需要。同时，智力因素也是影响经济发展的重要原因，因此，无形资产的投入增加，加大了企业对经济发展前景的预测，整个社会面临结构和利益分配的调整。借助政府的宏观调控，能实现对资源的合理配置和引导，推动市场进程，发挥其灵活性的特征，借助宏观政策的调控，发挥更加有效的调控作用。

随着社会经济的不断发展，产业经济呈现新的发展方向和趋势，各个产业面临新的发展环境，政府部门需要重视公共政策的制定，结合产业经济发展的实际，兼顾国情，更好地发挥公共政策的作用，在根本上实现经济的可持续发展。

第四节 产业经济协调发展机制

本节首先从产业经济发展定义入手，对产业经济协调发展进行了全面分析，并总结出物质条件、创新生产力不足及发展方向偏离是当前影响我国产业经济协调发展的主要因素，进而从明确发展方向、创新产业聚集机制，优化市场环境、完善各项市场机制，构建良好氛围、制定网络创新机制三个维度，提出促进产业经济协调发展机制的有效策略，旨在实现产业结构优化、经济协调发展转型。

产业结构的不合理阻碍了经济的协调发展，调整并优化产业结构，促进其结构升级是一项漫长且艰巨的任务，更是当前我国经济建设及发展的必然选择，应在经济稳定增长的基础上，全面促进产业经济的协调发展。改革开放后，特别是党的十八大后，我国产业迅速发展，服务业的整体水平有了显著的提升，产业结构升级也初步取得了良好效益，基础性农业稳定、工业生产力也有所提升，形成了全新的产业新格局。

一、产业经济协调发展概述

产业经济的发展能够体现目前我国经济飞速发展的具体表现模式，而产业经济则指的是在市场各领域当中，对产业前期进行全面性的分析后，所实行的行业综合性的经济发展，简单说来就是将某一具体产业进行聚集，这种产业的聚集可分成两个层次，具体阐述如下：

（一）市场产品层次

以市场产品不同层次对产业经济进行划分，主要是根据产品之间不同单位决定所划分产业的类别，即产业结构种类划分。在实际生活当中，企业经济的发展需要依赖某种稳定的关系网或是网状的布局，在不同类别的产业中体现出各自鲜明的特征，但最终目的是为了实现利益的最大化。产业聚集的内部经济发展形势与经济效益直接受其内部企业之间组织关系的影响，为了能够进一步推动具体产业化发展，促进其经济发展及效益的提升，就应满足市场产品的两个重要前提条件。一是适应产业聚集中企业运行特征，确保在企业运行及发展过程中可以充分运用网络技术优势将企业成本降低，进而增强企业的核心竞争力。二是运用具体行业中的整体性布局的优势，依托经济范畴的影响作用，提高企业的生产力。

（二）市场技术层次

依据某一具体技术或是与其类似的工艺技能标准进行划分，这样被划分出来的产业实则描述的是产业关系，通过技术将其组织在一起，促进信息、资源之间的共享。企业在自身发展过程中会在某一阶段出现瓶颈期，会面临不同程度的困难，这时就需要企业选择适宜的技术帮助自身渡过难关、突破瓶颈，并且企业在生产相关产品时，通常也需要一定技术的支持，因此，根据市场技术层次对产业聚集进行划分能够激发企业的创新意识及潜能，为企业谋得长远发展。

二、影响产业经济协调发展的因素

（一）物质条件的限制

区域内部的产业经济根据所供给的物质条件来影响产业聚集的综合性发展动力，产业聚集则根据聚集与规模状况形成全新的发展动力，通过增强产业内部经济发展的物质性条件与基础，优化经济发展的大环境，从而对区域经济的综合实力产生影响，为政府增加更多税收。若产业经济在区域发展过程中因物质条件受到较大影响时，或是物质条件对其发展限制过多时，则会降低大部分区域经济的发展速度，导致经济发展中遇到各种问题。产业聚集的根本目的是为了实现经济效益的最大化，为区域产业内的众多劳动力提供有效岗位，进而带动整体经济发展。但纵观目前的情况，区域内部产业的经济发展驱动力正在逐步减退，因此，透过这些问题，从本质上分析得出，产业经济在发展过程中缺少一定的协调能力，并且在组织、把控等方面的工作能力上存在明显不足，某些成本上的把控与发展方案的制订也存在很大缺陷，物质条件的限制严重影响了区域内部的产业经济发展，同时也极大地降低了区域开放性发展的速度。

（二）创新生产力不足

创新生产力是产业经济发展的根本动力，如若创新能力有限，就会导致产业经济的发展动力缺失，进而严重威胁到产业的生存命运。但目前普通产业聚集时彼此互动较少，信息缺少有效性交流，各产业之间没有真正凝聚整合，关键性技术与优势工艺之间从未进行过互动，形成了信息的隔离带。我国当前的经济发展形态正在向知识经济方向转移，经济协调发展是建立在有效资源与技术的基础上的，而我国有效资源的利用率及开发较少，因而只能依靠技术上的转变及创新运用，才能真正增强产业经济发展的驱动力。

（三）发展方向的偏离

目前，产业聚集的发展及筹划通常都是依靠政府的引领，严重忽视了以市场为导向的发展契机，偏离正常轨道的产业经济发展方向，对于区域经济协调发展会造成诸多不良影响，而失去科学合理性发展目标将会直接影响产业聚集的主要发展方向及主要路线。产业聚集虽然能够有效推动区域经济内部结构的优化，但这并不是长期有效的，若长远目标与基本发展方向错误，将会导致产业集体崩盘。

三、促进产业经济协调发展机制的研究

（一）明确发展方向，创建产业聚集机制

创建产业聚集及经济协调发展机制应遵循的主要原则：首先是市场导向原则。机制的创建要顺应地方市场经济体系整体发展形势。其次是互动原则。应将产业聚集的发展过程看成一种具有极强包容性的过程，产业在聚集发展中既要与地区内部的经济发展形势相适应，也要与所在区域以外的产业进行深度合作，建立紧密关系，通过频繁的互动，缩短与其他地域之间的差距。而创建科学合理的产业聚集发展机制，最终目的是为了能够真正实现产业发展的规范性、制度性，提高政府在区域产业协调发展过程中的重视程度，根据地理位置、文化背景、发展历程、经济环境及政治属性等多方面发展目标全方

面分析所存在的不足问题，防止机械化的思考。产业聚集发展方向应将政府所指定的发展目标与自身真实情况相互整合，避免因产业聚集导致各企业之间的恶性竞争。此外，产业聚集机制的创建应具有发展性的眼光，要善于变通，采取合适的方法解决问题，处理好产业经济在发展过程中遇到的各种矛盾。聚集体系的包容性越强，所要思考的问题也就越多，整体影响力也就更大，同时信息沟通也会更加方便，能够提高创新生产力。但同时也不能忽视企业发展以及区域经济发展等方面的实际需求。

（二）优化市场环境，完善各项市场机制

优化各区域间的市场经济环境，根本目的是为了能够进一步推动整体经济的发展，而完善市场各项机制、制定科学产业经济协调发展目标，则能够促进市场经济环境建设的实效性，有效引导各企业之间的良性竞争。大力宣传及培训产业集群知识分子及技术人员，促进技术外溢能效，让所有聚集产业中的企业可以互相分享工作经验，取长补短，彼此学习，进而提高各企业的创新能力，并充分体现产业聚集的优势，从而有效促进产业经济的协调发展。增强产业聚集与各区域经济发展的根本动力，最大限度发挥市场的宏观调节作用，调整市场现有的资源分配，提高综合发展驱动力，强化企业的基础竞争力。此外，还应全面完善产业聚集市场竞争制度，区域经济市场体制发展程度及发挥作用的实效性直接影响着政府最终所做的决定，通常来说，市场体制的发展形势较好、所产生的作用较强的区域政府，所决定的产业聚集发展方向通常是主动进攻型、开放型的。

（三）构建良好氛围，制定网络创新机制

构建区域产业良好的创新生产力氛围，积极组织各企业开展创新竞赛，调动所有企业参与的积极性，激发企业的内在潜能，彼此之间进行技术上的比较，进而提升企业生产技术上的创新驱动力。构建良好的氛围，能够有效促使企业转变传统的经营理念及方式，提升技术能力，将企业成本降到最低，从而强化企业的核心竞争力，在市场中占据主导地位。从中可以看出，创新力是企业生产运营的根本助力，是企业发展的重要根基与灵魂，提升创新技术水平的过程就是推动企业进步的过程。区域产业的创新要依托于网络技术平台，促进信息之间的沟通能力，建立科学合理的产研结合策略，加强网络创新环节各企业的信息交流，全面改变信息交换形式，让企业的创新生产力与成本掌控力相互协调，从而构建企业浓厚的创新氛围。

此外，还要从企业自身文化着手，解决企业存在的不足与矛盾，有序开展团队的技术创新，调动企业的积极性，进一步促进行业的发展。根据制度上的创新，让某些产业聚集中的企业与区域外的企业、院校、科研机构及市场中介组织均建立良好的互动关系，推进信息之间的交流与沟通，加强彼此之间的合作。

产业经济协调发展能够推动我国各产业的发展速度，为成功转型提供根本动力。因此，区域政府及产业内部各企业应深刻意识到影响产业经济协调发展的相关因素，及时采取有效措施解决当前出现的若干问题与矛盾，真正推动产业经济的进一步发展，实现区域经济之间的协调发展。

第五章 区域经济的发展理论

第一节 我国区域经济理论的形成与演进

自1949年以来，我国先后提出和完善了生产力均衡布局理论、区域非均衡发展理论、区域协调发展理论、中国特有的城乡统筹理论。目前正实施四大板块和三大支撑组合战略，其核心是实现经济活动空间拓展及区域经济一体化，也是重塑国内、国外经济地理的过程。尽管经济活动空间拓展以及区域经济一体化理论并非我国独创，但我国提出的构建新的国际分工和产业转移模式，通过实现产业转移实施者与产业转移承接者发展战略的无缝对接，促使资本和产业源源不断地流入国内产业承接者，实现区域经济一体化的观点，进一步丰富和完善了区域经济理论。

一、国外区域经济理论的形成与发展

从国际上看，区域经济学理论的发展，从杜能（Thünen）的农业区位理论、韦伯（weber）的工业区位理论、克里斯·泰勒（Chris Taylor）的中心地理论、廖什（Losch's）的市场区位理论及胡佛（Hoove）的区域经济学和艾萨德（Isard）的区域科学，再到克鲁格曼（Krugman）的新经济地理学，经历了100多年的发展历史。而在国内，区域经济学理论的发展也走过了40多年的发展历程。

（一）国外区位理论的形成

以新古典经济学为核心的主流经济学，在研究经济现象时，通常做出很简单但是很不现实的假设，即所有生产和消费都集中在一个地点，这样就剔除了空间因素这一极其重要又棘手的变量。如果把空间因素囊括进去，则此时所得出的结论在许多情况下完全不同于不考虑空间因素时得出的结论。最简单的例子就是运输成本，这种运输成本是因生产区和市场区在空间上的分离而产生的。主流经济学视这种成本为一种生产成本，并认为降低这种成本的主要途径是运输技术的改进或发展。然而，如果调整厂商的生产区位，则可以避免或大大降低这种额外的成本。为解决这种空间因素对经济现象的影响而

产生的理论就是区位理论。区位理论就是研究厂商选择何种地点生产才能最大限度地降低运输成本（古典区位论），或者实现利润最大化（新古典区位论）的问题。杜能最早注意到这种成本，他发现距离消费市场的远近对农作物的布局有重大影响，他计算出各种农作物组合的最合理的分界线，并划分成六个同心圆状的农业圈。韦伯开创性地分析了区域间、国家间的经济区位，认为理想的厂商区位是生产和分配过程中所需运输里程最短和货物重量最少的地点。他在运输费用之外又增加了劳动费用和聚集因素，并将上述三者决定的最小成本作为厂商最优区位的标准。霍特林发展了企业间空间竞争理论，重点分析了在线性市场上的企业之间的区位竞争。然而，韦伯以后的区位理论研究者发现，最小生产成本不能最终确定企业的最优区位，成本最低也不意味着利润最大化。这样，他们创立了以利润最大化为原则、以市场规模为中心的区位理论。克里斯·泰勒认为，高效的物质生产和流通的空间结构是以城市为中心的多级市场区构成的网络体系。廖什进一步发展区位理论，解释了为什么节点区会存在，定义了依赖于市场区及规模经济和交通成本之间关系的节点区。这样，不仅使区位分析由单纯的生产扩展到市场，而且开始从以单个厂商为主扩展到整个产业。

区位理论研究的宗旨是为不同企业和部门寻找最佳的生产区位，使企业或部门最大限度地降低生产成本、实现利润最大化，然而该理论存在很大的局限性。一是该理论以新古典的完全竞争理论为基础，认为市场是完整的，不存在不确定性，因而不存在实现交易所需的信息搜寻费用，同种同质产品的价格差只因运输成本而产生。然而，市场实际上并不是完整的，存在许多不确定性。因此不同市场之间的商品价格差，不仅要考虑运输成本，还要考虑对不确定性的贴现。二是传统区位理论的分析方法既是局部均衡方法，又是静态的方法。这种分析方法试图寻找一种力的平衡点，并在这些平衡点上配置厂商。然而这种平衡是以单个厂商的经济行为为基础的，忽略了其周边经济活动所产生的一系列影响，尤其是忽略了通过产业链或技术溢出表现出的经济活动间的相互依赖、相互制约关系。三是传统的区位理论只注重运费或劳动力费用等经济因素，忽略了制度、技术创新及经济政策等的作用。

（二）国外区域经济理论的形成

从区位研究转向区域研究、从微观经济分析转向宏观经济分析，与资本主义国家区域问题的出现以及凯恩斯主义的国家干预政策是密切相关的。在20世纪20年代，英国、美国等已完成工业化的一些资本主义国家内部，开始出现了老工业区的结构性衰退现象。20世纪30年代的经济危机使得这些萧条地区和贫困地区的处境更加恶化，出现了大量失业人口，城乡之间和地区之间的经济发展严重不平衡。其实，马克思主义经典学者早在 19 世纪 80 年代就分析过这种工业化国家内部出现城乡间和地区间不平衡问题的原因，并提出了解决城乡差距和区域差距的主要途径是城乡统筹和产业均衡布局的主张。已完成工业化的英国、美国等资本主义国家，对这种经济发展不平衡现象都采取了一系列措施。例如，英国于 1936 年成立巴洛委员会，试图遏制产业和人口向英格兰东南部地区的集中趋势，并通过建立工业开发区、税收优惠等手段使产业向萧条区分散；美国于 1933 年成立田纳西河流域管理局，制订了田纳西河流域综合开发计划，其成功经验后来被许多国家所借鉴。西方发达国家广泛关注区域经济问题是在第二次世界大战结束以后。"二战"结束后，世界资本主义经济进入了繁荣昌盛的时代，各国把大量的物力、财力和人力投入到那些经济发达、技术力量比较雄厚、基础设施良好的地区，以获得更高的发展速度、解决大量劳动力就业问题。这种经济政策，使整个资本主义世界经济获得了高速增长，资本主义国家的失业率因此保持在较低水平。然而，有些地区的发展速度相当缓慢，失业率持续偏高且越来越严重，大量失业人口流入大城市，甚至号称"金元帝国"的美国也出现了一批劳动力过剩、人口大量外流、经济状况日益恶化的地区。这种现象引起了许多学者的关注。缪尔达尔提出了累积因果理论，认为不管何种原因，一旦区域间出现发展条件和发展水平方面的差距，那么发展快的地区在发展过程中会不断为自己积累有利的因素，遏制落后地区的发展，使得落后地区的处境日趋恶化。赫希曼认为，一旦增长点形成，这些增长点通过累积性聚集不断增强自身的发展，扩大区际差距，虽然涓滴效应可以缩小区际差距，但这种效应要起作用需要很长的时间。这些说明，企业为利润最大化而做出的区位选择，在很多情况下不能实现区域整体效益的最优；区际发展差距不会因经济的普遍繁荣而缩小，因为在市场力的促使下，生产要素流入高回报率地区的趋势不会因经济的普遍繁荣而减弱；资本和劳动力的外流使得落后地区的处境更加恶化，陷入贫困的恶性循环。随着这种区域问题和城市问题的出现，许多经济学家根据凯恩斯主义的国家干预政策，运用宏观经济学的分析方法研究区域经济政策、劳动力就业及城市问题。这些研究把解决区域问题纳入宏观经济学的研究领域，重点研究何种因素促使经济增长发生在国家次一级地域层面上，为何出现发达地区和贫困地区及经济发展速度上的巨大差异等，与这种区域经济研究相关的理论就是我们经常提到的区域经济增长理论。这样，从单纯的区位研究逐渐转向区域经济研究，从微观逐渐转向宏观，进而区域经济学逐渐发展成为一门独立的学科。

（三）国外区域经济理论的进一步发展

到 20 世纪 80 年代为止，区域经济学仍无法解释一些经济现象，尤其是经济活动的空间聚集不断自我强化的机制。一百多年以前，新古典经济学的鼻祖马歇尔从三个方面说明了经济活动空间聚集与收益递增现象之间的关系，即知识溢出、劳动力市场形成及与本地市场相关联的前后向联系。目前解释经济活动的空间聚集主要从前后向联系角度去解释，也就是从我们比较熟悉的循环累积因果关系去解释。这种前后向联系或循环累积因果关系导致的空间聚集现象成了区域经济学重要的研究内容之一，然而传统的规模收益不变和完全竞争的新古典理论无法回答这种前后向联系效应的一些关键性问题。如果在厂商层面上存在规模收益递增现象，那么可以解释这种前后向联系效应或循环累积因果关系的存在，但在厂商层面上不存在规模收益递增，那么厂商不一定选择大市场区为生产区位，它可以选择多个单个市场，分别建立工厂，这时就不存在这种前后向联系效应或循环累积因果关系。反过来，如果规模收益是递增的，那么厂商间的竞争不是完全竞争，此时市场份额较大的企业完全可以阻止其他厂商的进入，且逐渐成为该行业的垄断企业。再有，就生产区位而言，运输成本起着极其重要的作用，但新古典理论不能把运输成本纳入一般均衡分析框架中。如果把运输成本纳入新古典的一般均衡模型中，则就不存在均衡或只存在"零解"，因而也就存在所谓的"空间不可能定理"。这些理论问题直到20世纪70年代后期，迪克希特和斯蒂格利茨在产业组织领域掀起收益递增革命以后才得到解决。从20世纪70年代后期开始，以克鲁格曼为代表的一些学者把产业组织理论分析工具大量应用在经济学的诸多领域，为解释经济活动空间聚集现象做出了重大贡献。随着这些基本理论的突破，区域经济学进一步趋向成熟，形成了较为完整的区域经济学理论框架。

二、我国区域经济理论的形成与发展

在我国，区域经济学起步很晚，作为一门独立的经济学分支学科，只有30多年的历史。尽管在改革开放以前，我国曾研究过生产力布局问题，但区域经济学发展成为一门独立的经济学分支学科是在改革开放以后。在我国，区域经济学是为了适应我国区域经济发展需要而产生和发展起来的。随着我国改革开放的不断深入，我国出现了一系列的区域性问题，如区际差距、城乡差距、产业转移、区域协调发展、城乡统筹、城市化、三农问题等。在研究和解决这些区域性问题的过程中，我国区域经济学科逐渐形成和完善起来。尽管我国还没有完全建立起适合于我国的区域经济学理论框架，但在有关区域经济学研究对象及研究内容方面逐渐趋向类同，这是一门学科走向成熟的表现。

（一）改革开放以前的生产力均衡布局理论

生产力均衡布局理论，首先强调以内地为中心的生产力布局原则。"一五"期间，在694个工业建设单位中，472个工业建设单位布局在内地，苏联援建的156项重点建设项目大部分布局在内地。其次，在生产力均衡布局理论指导下我国实施了以三线建设为中心的中西部开发战略，从1964年开始把工业布局重点转向内地，在我国中西部地区展开了规模浩大的三线建设工程。三线建设主要是通过在中西部三线地区大量建设新的工业企业和沿海地区大量的工厂向内地转移两种方式进行的，三线建设一直持续到20世纪80年代初为止。最后，生产力均衡布局理论强调了少数民族地区的经济发展。中央政府采取了一系列的政策和措施，从财政、物资、人力、技术等方面对少数民族地区进行了大量的援助，如对少数民族地区提供巨额的财政补贴，对特别落后地区供给各种生产和生活用品，从内地派遣大批干部、工人和技术人员支援少数民族地区，并在基建投资、财政税收等方面给予了特殊的照顾[1]。

从中华人民共和国成立到改革开放，是我国领导人集体探索中国区域经济问题的时期，也是我国区域经济学形成的萌芽时期。这一时期的经济建设奠定了我国工业化的基础，促进了生产力的均衡布局，缩小了东西部之间的差距。但这些生产力均衡布局的基本原则在很大程度上照搬马克思主义的经典理论，因此根据这些理论来指导中国的经济建设，难免存在较多的问题：一是强调资源配置主体是政府，并视国家指令性计划为实现生产力布局的机制，抛弃了市场机制在配置资源方面的作用；二是重内地轻沿海，抑制了东部地区的经济发展乃至全国总体经济效率的提高；三是各地片面强调建立"完整的工业体系"，形成"大而全、小而全"的局面。尽管生产力均衡布局理论也提出专业化与分工，但在我国中西部与东部之间形成的分工格局，基本上是垂直分工，中西部地区为原料和燃料生产地，东部为制造业基地，正是这种垂直分工加大了东部和西部之间的差距。

（二）区际非均衡发展理论的形成与演进

改革开放以后，我国区域经济发展的指导思想发生了历史性变化。以邓小平同志为核心的党的第二代中央领导集体把中国区域经济问题置于建设有中国特色的社会主义市场经济的背景下，在继承前一代领导集体经过30多年探索的成果及借鉴西方国家的区域经济理论基础上，构建了符合中国国情的区域经济发展战略，中国区域经济发展的指导思想由过去的平衡发展转向不平衡发展，区域发展战略也由向内地倾斜转向优先发展东部沿海地区。

首先，在区域非均衡发展理论指导下制定了优先发展东部沿海地区的战略。党的十一届三中全会后，认识到中国的社会主义经济建设与马克思当年构想的社会主义经济完全不同，把平衡发展和均衡布局生产力视为社会主义生产力布局规律，而把生产力发

---

[1] 程永林.中国—东盟自由贸易区与我国的地缘经济利益研究[J].昆明理工大学学报，2004，4（1）：6-10.

展不平衡规律视为资本主义生产力布局规律是片面和错误的,过去那种过分追求区际平衡的发展模式并不符合中国的国情,中国的经济发展必然是从不平衡到平衡的渐进过程。基于此,党的领导集体首先开始集中优先发展在资源、区位、人文及发展水平上具有优势,投入能够产生很大效应以及能够带动其他地区经济发展的地区。具有这些区位优势的地区是我国东部沿海地区。为落实优先发展东部沿海地区的战略布局,在1979年和1984年,分别建立深圳等四大经济特区和大连、秦皇岛等14个沿海开放城市,1990年又开发开放上海浦东,并在投资布局、对外开放、优惠政策、体制改革上向东部沿海地区倾斜。随之,我国东部地区的经济社会发展呈现出蓬勃生机,成为带动整个国民经济快速增长的发动机。

其次,在区域非均衡发展理论指导下提出了"两个大局"的发展构想。一国生产力水平和经济发展总是不平衡的,总是在经济发展水平和生产力水平上存在差异;一国经济首先重点发展生产力水平较高的高梯度地区,然后利用高梯度地区的经济扩散,逐步向低梯度地区推移,最终实现区域经济的协调发展。沿海地区帮助内地发展,达到共同富裕。因为沿海地区在经济基础、交通运输条件、生产力水平、人力资源等方面具有明显的优势,具备率先发展的基础,东部沿海地区的率先发展可以快速增强国家整体实力,有能力帮助内陆地区的经济发展。"两个大局"构想,既强调了区域经济非均衡发展,又强调了区域经济非均衡中的均衡,是区域经济非均衡发展理论的进一步发展。这一发展构想也成为新时期我国区域经济发展战略的核心内容,并进一步延伸成为区域协调发展理论。

(三)区域协调发展理论的形成与发展

随着我国改革开放的进一步深入,我国区域经济学研究得到了空前的发展。东部地区的产业集聚和经济增长,使得东部地区成为我国经济的隆起区,而中西部地区在经济总量、人均收入、经济结构提升等方面明显滞后于东部,成为我国经济的塌陷区。例如,东部地区GDP在全国所占份额由1980年的52.3%扩大到1993年的60.1%,而中西部地区分别由31.2%和16.5%下降到26.8%和13.1%。这意味着,实施"两个大局"发展构想所提出的第二个大局的时机已成熟,要开始着手解决区际发展差距问题。

首先,为解决区际发展差距问题,我国提出了区域经济非均衡协调发展理论。为解决地区发展不平衡问题,"九五"计划和2010年远景目标纲要首次提出了区域经济协调发展的指导方针,系统阐述了国家的区域经济协调发展战略;"十五"计划纲要和党的十六大进一步强调了沿海地区的发展和实施西部大开发,促进地区协调发展,逐步形成了地区经济协调发展的新格局;"十一五"规划强调了协调发展和建立和谐社会的战略目标;"十二五"规划又把主体功能区战略上升为国家战略。至此,我国区域协调发展理论框架业已形成,其核心思想是适度倾斜与协调发展相结合。该理论认为,区域经济的非均衡发展是欠发达国家和地区经济发展的必然选择,但非均衡发展并非单纯、孤立地发展少数地区、少数优势产业,而是围绕优势地区和优势产业建立一个结构紧密、相互协调的区域产业体系。在上述理论的指导下,我国区域经济学从20世纪90年代后把区域经济研究领域扩展到包括区域发展模式、优化产业结构、城乡联系、三农问题、协调发展等诸多方面,为制定重大方针政策提供了依据。

其次,为解决城乡发展差距问题,我国提出了城乡统筹理论。随着我国经济的高速增长,城乡差距逐渐加大,我国城乡居民收入比由1990年的2.20:1扩大到2001年的2.90:1,2007年已扩大到3.33:1,城镇居民的收入已为农村居民的3.3倍之多。中共十七大报告又提出了"缩小区域发展差距,必须注重实现基本公共服务均等化,引导生产要素跨区域合理流动"的政策主张。城乡统筹理论主要包括以下问题:一是"三农问题"及其解决途径。三农问题是制约我国经济发展的主要问题,它曾是我国改革开放初期的重中之重,中央在1982—1986年连续发布以"三农问题"为主题的中央"一号文件",从2004年开始中央又每年发布有关"三农问题"的"一号文件",尽管每年的"一号文件"涉及不同的主题,但从这些不同的主题中可以看出中国特色的城乡统筹理论的形成过程以及我国农村改革和发展方面的政策轨迹。二是提出了不同于西方国家城镇化理论的新型城镇化理论。近年来,我国城镇人口每年以1.02%的速度递增,2014年城镇人口已占总人口的54.77%。但我国城镇化发展长期以来主要以西方国家城镇化理论为主要依据,以西方国家城镇为主要参考系,这要求我国必须构建适合我国国情的城镇化理论和参考体系,我国城镇化要回归到中国特色的城镇化上来。2009年中央工作会议,提出了要稳步推进城镇化,"十二五"规划纲要提出了坚持走中国特色城镇化道路,2013年中央城镇化工作会议提出了推进城镇化的主要任务,2014年的"国家新型城镇化规划"强调了走中国特色的新型城镇化道路。新型城镇化是指以城乡统筹、城乡一体化、产城互动、节约集约、生态宜居、和谐发展为基本特征的,大中小城市、小城镇、新型农村社区协调发展、互促共进的城镇化。这样,就形成了不同于发达国家城镇化的我国独特的新型城镇化理论框架。三是提出了适合我国的社会主义新农村建设理论、思路与对策。社会主义新农村建设,是统筹城乡发展,以工促农、以城带乡的具体化,是实现城乡共同富裕的根本途径。2006年"中央一号文件"强调把"三农问题"放在重中之重,把建设社会主义新农村的各项任务落到实处,加快农村全面实现小康和现代化建设的步伐;2015年"中央一号文件"更强调指出,要繁荣农村,则必须坚持不懈地推进社会主义新农村建设,提升农村基础设施水平,推进城乡基本公共服务均等化。至此,社会主义新农村建设的基本思路和对策基本成型。

第二节　区域经济创新与区域经济发展

在经济发展过程中,应当充分关注区域经济发展中的均衡性,并积极研究促进区域经济发展的创新动力,在此基础上开展各项区域经济活动,进而促进地区经济的快速发展。本节首先分析了限制区域经济发展的主要因素,并进一步从构建区域经济创新体系、建设区域经济创新网络、打破传统区域制度、加强政策扶持等方面,探究区域经济创新与区域经济发展的主要策略,以求加深区域经济发展研究,推动我国经济的长足进步。

随着改革开放的不断深入,我国经济取得了飞速发展,国民生产总值也迅速增加,我国人民的生活水平也越来越高。但与此同时,我国区域经济发展的不平衡性也日益显著,东部城市、沿海城市比西部城市、内陆城市发展快,人均国民生产总值差异较大。这显然不利于我国经济的全面发展,也不符合社会主义现代化建设的内在要求,所以,我国在谋求经济快速发展的同时,还应当探究区域经济发展的创新途径,以促进区域经济的均衡发展。

一、影响区域经济发展的主要因素

影响区域经济发展的主要因素通常包括动力因素与限制因素。若要促进区域经济发展,就应当注意充分发挥动力因素的推动作用,并最小化限制因素的制约作用,在此基础上有机整合各种因素,制定切实可行的整体性发展战略。限制因素主要是指在区域经济发展中,部分因素在促进经济发展方面的作用呈动态性,如能源物质。在一定阶段内,丰富的能源物质可以有效推动区域经济发展,但如果能源物质短缺,就会成为区域经济发展的限制性因素。除此之外,地区制度、文化传统也会通过影响企业经营管理、人们的思想观念等对地区经济发展形成影响,所以,落后的政策制度和陈旧的文化传统同样会限制地域经济发展。动力因素主要是指科技与知识等无形生产力,这些要素能够有效推动地区经济发展。

二、区域经济创新与区域经济发展的策略

(一)构建区域经济创新体系

现阶段我国还处于市场经济转轨时期,应当依据市场经济的发展规律,借鉴国外先进经验与理念,将政府职能与市场机制有机结合在一起,建立以高等院校、企业、科研

机构为主体的区域经济创新体系。首先，应当构建区域经济发展创新的宏观调控体系。即我国通过行政的、经济的、计划的、法律的途径，将国家生产力和区域经济格局结合起来，有效调和微观与宏观区域经济发展中的矛盾，既要坚持宏观扶持，又要保持微观的活力。同时，还应当发挥市场机制的作用，整合各种生产要素，加强生产要素的流动性。其次，应当构建区域经济创新体系。一方面要坚持将企业作为区域经济创新的主体；另一方面还要促进高等院校、科研院所向生产领域拓展，进而形成经济与科研相结合，高校、科研院所与企业相结合，产学研一体化的创新型经济体系。最后，还应当构建区域经济创新支撑服务体系。在当前的经济环境下，区域经济发展必须关注市场配置资源的功能，在此基础上构建新的支撑服务体系。一方面，应当建立工程技术研究中心，以便明确区域经济发展的技术支撑，并将其与企业发展结合起来，促进技术创新的多元性、持续性和有效性。另一方面，还应当关注中小企业的生产力，以提升区域经济发展的质量与规模。这主要是由于中小企业创新动力较大，具有较强的竞争意识，如果能够得到相应的扶持，就会取得快速发展。此外，还应当拓展区域经济的发展空间。运用技术培训、科技成果转让、技术承包、技术服务等形式，不断推动技术转移的市场化。

（二）建设区域经济创新网络

区域经济创新网络主要是指创新主体企业和高等院校、政策管理部门、其他企业，以及人才、咨询、金融、保险、法律等建立的长期而稳定的关系。它是社会发展、科技进步的产物。若要建设区域经济创新网络，首先应当构建营销服务网络，通过网络将各种市场需求传送到区域决策系统中。其次，应当研究开发网络，进而将研究机构、科技园区、大学、实验基地有机结合在一起，不断形成和输送各种创新成果。最后，还要构建培训与教育网络，将对企业员工的培训与专业机构、社会服务机构、教育机构、合作企业结合起来。此外，还应当构建管理和决策网络，合理地应用现代化管理方法与手段，对市场信息、质量控制、技术创新、成本核算、研究开发、营销服务、工艺设计以及区域经济发展战略与思路加以优化整合，进而提升区域经济创新能力。

（三）打破传统区域制度

当前，部分地区在经济发展中管理理念落后，为了保护本地区企业发展，盲目限制和约束外来企业。这种传统区域发展制度，不仅不利于本地区企业的创新性发展，而且限制外来资金的注入，对区域经济的整体发展极为不利。所以，若要促进区域经济发展就必须建立先进的、新型的制度，及时打破传统区域制度，吸引外来资本，加大区域开放程度，同时应用科技力量促进新型产业发展，进而推动区域经济的整体发展。

（四）加强政策扶持

首先，应当制定区域中心城市优先发展的政策。随着城市化、工业化的发展，中心城市的形成成为必然趋势。若要促进区域中心城市的发展，一方面要明确中心城市的定位，确立城市发展的基本方向，并加强区域产业分工的合理性，形成特征鲜明的中心城市。另一方面应当扶持优势产业的发展，完善中心城市的生产力布局，着重培养支柱产业，并进一步加强中心城市在区域经济发展中的带动作用。还应当正确处理行政区划和经济区划之间的关系，有效解决双重区域带来的各种问题。同时，还应当以中心城市为依托构建科技园区，培育各种各样的科技市场，加强与国外的科技交流，加强中心城市在区域经济发展中的创新作用。其次，要明确区域经济发展协调分工政策。促进区域经济发展需要充分发挥区域人才、资源、科技和区位等优势，只有这样才能够优化产品结构、提升产出效益、降低成本。最后，要制定区域产业布局政策。在明确区域内和区域间分工的前提下，应当实现经济重心区的转换与推移，以及跨区域项目的布局和选址，逐步推进区域经济的发展。此外，还应当注意区域经济发展的扶持优惠政策。这属于特殊政策，扶持的对象多为相对落后的区域。在改革开放以前，我国对落后地区多采取救济、补助等扶持政策，随着改革开放的不断深入，逐渐采取救济、开发、补助相结合，以开发为主的扶持政策，旨在增强落后地区的"造血"功能，取得了显著成效。在谋求区域经济发展过程中应当加大对贫困地区的扶持力度，制定切实可行的扶持政策。

在研究区域经济创新与区域经济发展过程中，应当认识到，我国区域经济发展是一项任务重、周期长的工程，在具体实施过程中应当根据区域经济具体情况，吸取国内外先进经验和理念，总结影响区域经济发展的各种因素，并对这些因素进行创新性分析，在分析过程中制定经济发展方向和策略，进而促进区域经济长久、稳定的发展。

第三节　区域经济发展差异及其原因

由于自然资源、人力资源、产业结构在不同地区的差异十分明显，导致不同区域的经济发展悬殊。区域经济之间的差异对我国经济的可持续发展造成了负面影响。因此找出这种现象出现的原因并且提出合理有效的解决方案，促进我国各地区经济同步快速发展就显得刻不容缓。

一、区域经济发展差异及其原因

（一）资源在区域经济间的差异

我国物种丰富、资源充沛，但区域分布较广、人口众多等因素，导致人均资源分配难以满足实际需求。现阶段，我国经济发展较为发达的区域主要集中在南方地区，但主要资源存储区集中在中西部和北部地区。这样一来，我国南北地区资源差异较大，区域资源资本配置成本较高。如在实行水资源协调发展目标时，需要通过南水北调政策来协调区域间水资源的差异。

（二）人力资源在区域间分配的差异

现阶段，我国地区间教育水平发展存在不平衡性，高考制度、地域教育水平等导致大量高素质人才向经济发展水平高的地区拥入。大部分教育水平较高地区的高校人才，在完成学业后选择留在大中城市，这加剧了区域间人力资源分布的差异性。与此同时，教育资源的不公平性，导致在人才培养的初级阶段就已经存在一定的差距，并随着日后受教育程度的变化逐渐加大，如此一来，导致我国人力资源发展存在区域间的差异。

（三）区域间产业结构的差异

各区域间资源类型往往决定其区域产业结构的特点。如沿海区域重点发展金融类、高新技术类产业，西北内陆地区则以种植业为主等。但大部分区域产业结构呈现出单一化的特点，受区域发展的限制，虽然有效地利用了本地区的优势，却使得各区域间产业结构差异较大。因此为了有效提升产业结构的合理化发展，应在资源发展的基础上，向多元化结构升级，不断提升第三产业配比。

二、我国区域经济发展差异的原因

导致我国区域经济发展差异明显的原因是多方面的，多要素综合作用导致区域发展差距越来越大。一方面是政府政策引导的结果。改革开放以来，我国东部沿海地区作为重点发展对象，得到了政府的资金和政策扶持，在政府的引导下，获得更优势的发展条件和资源环境等，加上其地理位置的优势，东南沿海地区发展迅速，国家的经济重心也不断向东南沿海地区偏移。而中西部属于内陆地区，自然环境不佳，政府引导支持不足，东西部发展差异明显，市场宏观经济改革和区域经济发展间的冲突越来越明显。另一方面是在区域利益驱使下，地方保护主义影响的结果。地方政府加大对本地区的支持力度，坚持贸易保护主义，以公开或者隐蔽的方式片面支持本地区的发展。区域间资源和技术无法有效流通，商品行业垄断的问题突出。区域间商品等生产要素无法自由流动，地区和行业间的优势无法平衡，资源无法优化配置，导致国内市场四分五裂，区域经济整体协调发展受到影响[2]。

---

[2] 张丽君. 地缘经济时代［M］. 北京：中央民族大学出版社，2006.

三、我国区域经济发展差异的应对举措

（一）找准区域发展亮点，提升区域竞争力

我国幅员辽阔，区域经济发展不平衡的问题突出。实现区域的协调稳定发展，走区域特色化发展道路是必然。通过对区域发展亮点的分析，挖掘有潜力的产业，重点支持引导，提升区域的竞争力，带动区域经济的发展。发展中扬长避短、优势互补，找到适合自身发展的模式和出路，才能找到区域发展的正确打开方式。例如，西部地区自然资源丰富、劳动力成本低，必须将重心放在能源开发、基础设施建设上，提升区域的核心竞争力，形成核心经济发展地带，带动周边地区的经济发展。核心经济城市与周边城市资源优化配置，人才技术流动共享，提升发展潜能和动力。例如东北地区，土壤肥沃，属于老工业基地，工业基础牢固，可以在振兴原有产业的基础上重点发展农林产业，加大对新兴科技的关注与投入。我国中部地区属于交通枢纽，可以借助交通的优势条件，加强与外界的关联，发展能源产业，为其他地区输送产品，带动本地区的经济发展。找准区域经济发展的亮点，基于亮点做文章，实现区域经济的一体化发展。

（二）加强政府宏观调控，资源均衡化配置

针对我国当前区域经济发展不平衡的问题，必须发挥政府的宏观调控作用，做好区域间资源的均衡配置。虽然建立了社会主义市场经济体制，但社会主义市场经济发展并不完善，不利于区域经济的协调稳定发展。因此发挥政府的宏观调控作用，促进市场发育，为社会经济发展创造更为宽松的环境，制定适当的区域经济扶持政策，有倾斜有针对性地带动区域经济的发展。政府必须关注不发达区域的经济投资，加大对其人力、物力及财力的支持。基于政府的宏观调控，推动区域公共服务的均等化。坚持经济适度发展原则，加大转移力度。其中坚持经济的适度发展原则是为了防止区域经济发展差异的扩大，避免区域发展中矛盾的激化。而加大转移力度就是为了引导提升落后地区的经济发展，实现该地区资源要素的合理分配与使用，为落后地区的经济腾飞注入活力。只有发挥政府的宏观调控作用，加强区域资源的均衡优化配置，才能实现不同区域间医疗、服务、交通及社会保障各方面的平衡，缓解区域发展不平衡导致的民众矛盾，维护社会稳定，助力区域经济协调发展。

（三）倡导经济互通有无，走跨区合作之路

随着全球经济一体化趋势的加强，区域间的合作十分必要，而合作的前提是有效的沟通。当前国际社会倡导构建的欧盟、北美自由贸易区无疑为我国区域间的合作发展提供了指导与参考。跨区域合作成为必然，各区域经济集团也对应开放政策，促使贸易合作的深化。我国区域发展的不平衡主要体现为东西部发展的差异，因此东西部省际的跨

区域经济合作十分必要。对于西部地区来说，经济的腾飞必须加强与东部的互动，深化经济合作，借助东部的资源优势、技术优势和人才优势等，弥补自身发展的不足，带动自身的经济发展。西部地区在跨区域经济合作的引导下，形成更为成熟、系统的区域经济发展体，建立区域经济协调发展生态圈，在互助合作中实现各区域资源的优化配置，优势互补，带动区域经济的稳定持续发展。

四、我国区域经济协同发展的趋势

着眼于未来，我国区域经济协同发展的趋势将不断强化。从 2010 年到现在，我国区域经济发展整体提升明显，特别是 2010 年，我国区域经济协同发展系数为 0.126，同比增加近 700%。这说明我国区域经济协同发展取得了较为理想的预期，很大程度上得益于政府政策的支持。各区域间呈现东部带动西部、东西部互相发展的趋势，特别是西部地区，交通运输等情况得到明显改善，当地经济发展较为迅速，区域经济整体发展能力强化。而我们也应该看到区域经济协同发展呈现波动上升的趋势。我国经济实力大幅度提升，区域经济增长迅速，但是区域间的经济协调发展波动变化明显。2010 年区域经济协调增长较为稳定，从 2011 年到 2013 年，我国经济协同度明显降低，主要是国际金融危机对经济协同发展产生了一定的负面影响。自 2015 年以后，我国区域经济发展进入回暖期，其中江西、北京及山西等地提升明显。虽然各区域经济发展速度较快，但是发展水平依然有明显差异，协调度回升带有不稳定性，使得区域间的上升幅度差别明显。

综合来说，我国区域发展呈现良好的发展态势，但是在发展中区域经济发展不协调的问题越来越突出，区域经济发展的大环境也不断变化，要想实现我国经济的整体性腾飞与发展，就必须关注并解决区域经济发展不平衡的问题。本节在论述我国区域经济发展不平衡具体体现的基础上，对其差异产生原因进行了多角度分析，基于问题从政府宏观调控、区域亮点的挖掘、跨区域的经济合作三方面进行了区域经济协调发展的系统论述，将为我国区域经济协调发展起到指导与参考作用，在策略的指导下，实现我国区域经济的协同稳定发展。

第四节　区域经济协调发展机制

在经济全球化发展背景下，区域经济协调发展成为稳定国民经济、确保国内市场经济良性发展的重要基础条件。纵观我国当前区域经济发展现状，区域间越发严重的经济水平差距，给我国带来严峻的挑战，如何真正实现区域经济协调发展，是我国当下急需研究与解决的重要课题。与此同时，推动各地区经济协调发展，也是我国当代社会建设与发展的基本要务，更是构建小康社会、践行科学发展观及促进和谐社会发展的根本性要求。因此，在这样的环境下，制定区域经济协调发展机制具有深刻的现实意义。

一、区域经济协调发展的概念及影响要素

（一）区域经济协调发展的概念

区域经济协调发展是各区域间相互开放、经济往来日益密切、区域分工更加合理，不仅能加快区域经济整体的稳步增长，同时又能缩短各地区间的经济差距，使其在规定范围内，实现区域间的经济发展良性竞争。由此可以看出，各地区间的经济协调发展注重的是发展的过程和真实形态，区域间的彼此开放、经济往来密切、分工合理均得到显著提升。而各地区间的经济协调发展过程则表现在经济往来日益频繁、区域分工更加合理、区域差距逐渐缩短。

（二）区域经济协调发展的影响要素

1. 外在环境不稳定。目前，我国银行信用贷款组织在集资能力与经验上存在许多不足，工作流程不够规范，经济评价机制、信用系统及保障体系不完善，造成我国实体经济在发展中，各大银行及投资企业等相关的有效金融机构并没有随时密切关注各区域当中有关企业的动态情况。对于这一问题，应确保企业稳定的经济收益，同时也要不断加强对其他企业的扶持。如果各区域中的经济政策失衡，那么将会扩大各地区之间的经济水平差距。这样不均衡的经济政策矛盾更加突出，会导致区域经济发展越发失衡。

2. 区域资金不充足。我国当前大部分发展较为落后的区域都有共同的不足之处，即供需不足，日益强烈的资金需求是关键问题，而经济发展的激励政策与责任制度不适合，供需环境无法满足信用贷款的真实需求，这些因素将会直接影响企业的融资情况，也影响企业的拓展、再生产及经济效益的不断增长。

3. 资金流动有异常。乡村及城镇的资金不断地涌向各大城市，这是各区域经济的主要运作方式，简单来说，即资金是从经济体系落后区域逐渐向经济发展水平较高区域的汇集。其中银行中有效资金的重新分配将统一进行，在对经销权的一级信用贷款投资分配中，应对企业所涉及的业务范畴、资金能效等方面给予整体性的评价，并将其视为各地区中最基础的参考标准。在经济发展水平较低的地区，由于没有足够优秀成熟的企业，因而银行经营效能无法得到充分体现。对此，在分配银行信用贷款资源的过程当中，表现出来的诸多不良要素，对银行贷款资金的流动方向造成了严重的影响，阻碍了当地的经济协调发展。

二、区域经济协调发展机制的构建

(一) 优化市场竞争机制

若从区域经济视角分析,优化市场竞争机制是实现要素合理配置的有效途径,能进一步推动区域间的经济分配,强化要素安排的规模经济及区域整体的核心竞争力。若站在区域经济关系的立场上,市场机制的优化应彻底击破各地区政府间政治区域中的界限,根据对比优势的准则,利用市场的价格体制实施配置,建立邻近区域间的良性竞争环境,特别是要注重邻近关系之间运用市场体制所搭建起来的区域性经济关系。

首先,区域位置要素是改革开放后地区间所出现的日益扩大的差距的关键所在,优化市场机制能充分明确各区域的市场工作,利用区域间的产业筹划、公共设施建设,整合地区资源、完善区域内部结构,构成科学合理的区域经济体,从而最大限度地削弱区域地理位置要素的作用。其次,由于我国各区域间所拥有的资源优势存在较大差异,构建区域经济协调发展机制可以提高中西部省份的资源利用效率。这就要求捋顺资源类产品的定价体制,加强生产元素在市场中的价值标准,推动资源的节俭型运用,促进资源类区域经济可持续发展,特别是重点开发区域与约束性开发区域中的资源开发制度。优化市场机制能确保实现可持续发展,高度重视经济增长不断上升的同时,可缓解环境带来的压力。应通过建立有效的资源开发环境补给体制与生态保护投入体制,与开发资源行为加以约束,使其在限定的范围内实施开发。

(二) 推动跨区域协作监管

跨区域治理主要关系到以下两方面:一是各区域内部的各个地区间存在的经济关系;二是各地区间所具有的利益关系。前者将直接影响区域间长期稳定的合作关系,决定着彼此合作机制下所产生的一系列经济利益问题,是由不同地区所含有的资源优势,以及地区所在地理位置来决定的,动态性的改变与市场体制的构建及发展密切相关。后者则影响区域合作间各地区成本分担及其构建合和关系的来往成本,很大程度上受外部体系编排的影响。区域间的经济协同发展对跨区域治理有着重要意义。区域经济合作组织的构建,首要任务是充分遵守自主平等原则,全面考虑各地区主观能动性的最大化发挥。由于区域中的不同经济主体间经济水平有一定距离,利益关系复杂交错,区域性的经济合作组织建设要努力协调好不同领域间的差异。对此,虽然区域经济合作组织各个经济个体是相对平等的,但若缺少核心经济体的主导功效,将无法真正建立区域性经济合作组织。纵观国际各种类别区域经济协作组织的发展现状,全部都是在核心经济体的主导作用影响下逐渐发展壮大的。

(三)完善核心协调体系

各地区领导干部由于政绩驱使而实施的发展制度通常没有站在长期发展的角度思考问题,造成各区域间只顾眼前利益而影响了合作关系,在这样的背景下,我国政府和部门的协调组织功能对各地区经济有效合作发展有着不可替代的积极能效。在此基础上,应完善核心协调体系,具体可以从以下几方面着手:

1. 优化政绩评价体系。转变以人均收入增长比例为主的政绩评价体制,在政绩测评指标制定中,应充分展现科学发展观的重要内涵需求。在落实主体作用区中,由于各类别主体作用区的发展方向存在一定的差距,因此,应针对具体类型的主体作用区采取合理的政绩评价体系,确保各地区政府行为达到主体作用区发展目标的要求。

2. 完善发展机制。首先,在确立各类别主体作用区角色定位的前提下,进一步明确各种管制性指标的威望,有效防止各地区政府在发展战略的规划中,对经济过于重视而忽视社会发展及自然生态的保护问题。其次,设计安排要求具有合理性、整体性、长期性、有效性,使五年发展计划纲要能充分满足各个主体作用区的内涵需求。最后,主体作用区计划应体现其协调作用,引领各区域发展战略规划能够与国家宏观计划相一致,真正实现个别利益与整体利益间的和谐统一,从而促使区域间的发展纲要彼此协调,防止区域发展计划过于随意和盲目。

3. 最大限度发挥财政引导作用,健全补偿体制。主体作用区发展方针将限制个别开发区域及禁止实施经济开发的区域。在这两种类别的开发区中加强生态投资,并全面带领产业向自然环境压力较小的方向转移。此外,利用财政转移支付等途径来增强限制及禁止的开发区域提供社会服务能力,逐渐形成与其他两种作用区在基础社会服务中的平均化。

根据经济发展趋势及所要实现的目标来看,区域经济协调发展能有效推动我国整体经济的建设与发展,顺应了市场竞争背景及当下国内市场金融的实际发展情况,为整体经济提供了更加宽广的发展空间。对此,相关部门应积极协调我国各区域间的经济关系,不断挖掘全新的经济机制,在强化区域资源有机融合的同时,还要不断探索新的路径,确保区域经济发展的稳定性,从而长期有效地推动我国经济的和谐、健康发展。

第五节 人才战略与中国区域经济发展

人才是一个国家持续发展的根本,只有培养高质量、高水平人才,才能保证我国区域经济持续发展。目前,我国经济社会发展的差异比较大,这种差异能够通过人才的活跃度来展现。社会发展规律显示，不论是哪个国家若想优化发展问题，不但要借助物质资源与自然资源开发，还需依赖人才资源的应用。因此加大对人才战略与中国区域经济发展的分析十分重要。

一、区域经济发展中人才队伍建设的主要问题

人才的价值是智力流通与价值创造的主要体现，固定的知识能源是无法为社会带来附加价值的，只有不断循环应用才能创造更多效益。中国有八大经济发展区，各个城市的行政管理都是同等的、独立的，没有依附与隶属的关系。国家间的经济体，如欧盟的主要目标就是推动区域人才流动与贸易往来。阻碍其目标实现的主要因素为各国政府部门在文化、经济及税收等政策的差异性。而区域经济同国家间的经济本质是一样的，同样存在行政机制上的问题。例如我国东北的36个城市，每个城市的政府在人力资源的配置程度上皆有所不同。各区域政府在人才利用、人才分类、人才认定以及薪资待遇等方面皆存在很大不同。人力资源市场自身就存在较大的差异，比如成熟度与人才资源市场所遵循的运作体系等，皆是影响人才战略实施的因素，因此对中国区域经济发展非常不利，若想增强我国的核心竞争力，统一各个区域的行政机制十分重要。

二、加大人才队伍建设力度的有效方法

（一）构建并优化人才保障制度

人才激励务必要在人才的需求与把握下进行，对高级人才也是如此。为了激励人才展现自我价值，首先需要利用多样化的分配方法，将按需分配同按劳分配相结合，逐渐形成人才物质报酬同业绩贡献相关联的分配制度，鼓励人才将科技成果转化成投资股份，增强人才参与的积极性与自我实现性。其次，各个地区皆需要大力鼓励人才创业，为人才发挥潜能提供一个平台与机会，需在该平台上着重宣传我国的相关政策与方针，从而激发人才的积极性。最后，优化人才激励制度与表彰制度，坚持以物质与精神奖励结合的原则，运用激励的方式不但能够使人才获得满足感，还能引导人才积极参与科研活动，切实将人才的积极性、主动性、创造性发挥出来，提升科研成果转换率，为增强我国综合实力提供重要支撑。

（二）对人才给予适当的政策倾斜

新时代，我党针对人才的要求与部署提出了新的理论指导，主要以产业型人才、高级型人才等人才培养为中心，建构人才成长平台，为我国经济发展提供有力支撑。所以，对人才的建设需要依托长远发展目标，制定培养人才的战略。通过政府的宏观调控与引

导监督，同经济发展需求相结合，制定满足各区域发展需求的人才政策，为企事业单位创造良好的教育环境，开展多元化培训活动。各个地区特别是经济相对落后的区域需合理应用国家对各区域的政策倾斜开展人才培养工作，深度挖掘各学科与各领域中的领军人才，为其提供更广阔的发展空间，培养应用创新型人才，加大对其培训的力度，为推动我国经济持续发展提供一份推力。

（三）建构人才交流的平台

潘小娟教授提出，若想增强国家核心竞争力，世界各国需将技术人才培养当作抢占国际市场的资本，利用多元化手段培养优质人才与优先发展各区域紧缺的人才为我国人才战略的主要目标。高级人才在我国各区域间的流动一般都会受到制度、政府及平台的交叉影响，在某种程度上制约了人才正常流动。所以，需要定期开展专业会议，主要针对高级人才的发展趋势，构建人才安家保障机制，完善高级人才的流动制度，优化人才在流动中的具体问题，增强对人才权益的保护与支持，促使人才展现自我价值。通过区域政府的宏观调控，制定有效措施进行规划，引入一批高端优质人才，重视人才团队的构建，实现人才产业知识共享，满足各个区域发展对人才的实质性需求。

对于中国区域经济发展而言人才战略十分重要，其是推动中国区域经济持续发展的根本要素，也是增强我国核心竞争力的关键。只有给予人才建设高度重视，才能保证我国经济持续健康地发展下去，从而在繁杂且多变的国际市场中占据主导地位。

第六章 循环经济的发展理论

第一节 循环经济的概念

关于循环经济概念的争论这些年从未停止过，有的学者认为循环经济是全面模仿自然生态系统的物质循环机制和能量梯级利用规律重构经济系统，使经济活动的环境影响和寿命成本最小化、价值最大化，从而以最低的资源和环境代价实现经济与环境的协调发展的技术经济模式，可以分别从资源经济学、环境经济学、生态学、系统论、经济学的角度来理解。但是不免有否定和质疑的声音，认为循环经济是一个伪概念，并不像它所宣称的可以促进经济与环境双赢。

一、循环经济概念的产生和发展

循环经济思想产生于20世纪60年代，是由美国经济学家肯尼斯·鲍尔丁提出的，是指在人、自然资源和科学技术的大系统内，把传统的以资源消耗型为主的经济增长模式转变为依靠生态资源循环发展的循环经济。他的"宇宙飞船经济"是其主要的代表理论。然而最先明确提出循环经济一词的却是英国经济学家戴维·皮尔斯。循环经济作为实践性概念开始并取得效果发生在20世纪90年代以后的德国与日本。20世纪90年代末，我国开始使用循环经济的概念和理论。

二、循环经济概念的争论

面对全球人口剧增、资源短缺、环境日益污染和生态蜕变严重的形势，人类开始重新理性地认识自然界、尊重客观规律、探索经济规律，循环经济即是此大环境下的产物。我国自20世纪90年代后引入循环经济，但关于循环经济概念的争论从未停止过，既有肯定说，认为循环经济是一种生态经济，要求运用生态学规律指导人类社会的经济活动，而非以往的是一种忽视生态价值的机械规律[1]。同时也有学者否定循环经济，其从物理学

---

[1] 丁·威茨曼.分享经济：用分享制代替工资制[M].北京：中国经济出版社，1986.

的相关理论出发（热力学第一、第二规律以及耗散理论）出发，认为物质从"高熵"转入"低熵状态"的过程中，人工的推动会加速能量的消耗，会加快环境的熵增。在这样的情况下，由于技术和经济条件的限制，很难让所有物质完全得到循环利用，不得不降解使用。由此得出结论，"要建立循环经济，无论从理论上看还是从实践上看，目前尚难成立"而应代之以"建立节约型经济系统"。除了否定的、肯定的主张，有的学者认为清洁生产法与循环经济法可以相互替代，认为单纯地从立法的经济性来看，替代似乎是必要的。

三、循环经济概念的分析

笔者认为循环经济并不是一个伪概念，主要从以下几个方面进行论述。

（一）对于循环经济我们先做语义分解

"经济"在《辞海》中的主要解释有三种，在循环经济界域，认为经济是指"经济活动，包括产品的生产、分配或消费等活动"。"循环"，辞海中的解释是"顺着环形的轨道旋转。比喻事物周而复始的运动"。从语义上讲，最基本的循环经济概念是指"经济活动，包括产品的生产、分配或销售等活动顺着环形的轨道运行"。

（二）循环经济的本质特征

由于各自的认知和立场差别，学界持认同观点的学者在界定循环经济概念时也存在诸多差异，大致分为以下三种观点：1. 经济发展运行模式论。以曲格平教授、诸大建教授为代表，认为循环经济是一种以改变过去高消耗、高排放传统线性经济为目标的新的经济发展模式，是针对过去工业化运动以来造成严重环境问题反思后的根本性变革，以减量化、再利用、资源化为原则，突出物质在生产、消费、再生产过程中的闭环流动，最终实现生态系统与经济系统协调适应。2. 经济活动过程论。是坚持在可持续理念下对废弃物进行合理利用，强调在这一经济活动中以清洁生产的方式为抓手，给予技术上的支撑。3. 将垃圾变废为"宝"。认为废弃物是放错了的资源，需要将污染从生产的源头拓展至全过程，并在最终的输出环节进行无害化处理，最终达到经济增长与环境保护的双赢。

综合以上的各种观点，笔者认为循环经济是与传统经济相对应的，是在可持续发展战略下实现人与自然及人与人之间和谐相处的经济增长模式。它与可持续发展内涵、目标一致，强调在3R原则下的物质闭环流动型生态经济形式。其本质的特征有以下几个：1. 新的系统观。循环经济注重的是系统性、整体性的运作方式，涉及社会生产、消费以及再生产的各个领域环节。2. 新的资源观。在人类利用资源进行生产发展经济的过程中，需要充分考虑自然生态系统本身的承载能力，不能任其毫无节制地伤害大自然，提高资源利用效率。在此基础上，相比过去的粗放型经济发展，需要更多关注代际与代内发展。

3. 新的效益观。不仅要求带来环境效益还要求经济效益，实现双赢。在与传统经济发展模式比较的过程中，我们可以明确循环经济对人类发展的重要意义，也从一个方面向我们展示了循环经济作为新兴发展模式从发达国家引入我国后具有极强的生命力，这是其独有的特征。

（三）循环经济的基础理论

循环经济理论是由生态经济学理论、环境资源经济学理论、可持续发展经济学理论等构成的。

1. 生态经济学理论是站在全球生物圈的视角看待人类社会经济系统的，它只是其中一个子系统，与生物圈其他子系统相互依赖和协同进化。生态经济学理论认为，经济发展应遵循生态学的主要规律。

2. 环境资源经济学包括环境经济学理论与资源经济学理论，分别进行环境变化研究、环境价值研究、环境政策研究，以及代际平等、有效跨期分配、人与自然的和谐及协同进化、效率与公平的兼顾等的研究。

3. 可持续发展经济学理论认为，经济发展成本分析是基础，其他可持续发展理论都建立在这一理论平台之上，需把发展应是无价的及当代人有能力事先知晓自身行为后果的递延作为可持续发展经济学理论的逻辑起点和视角。

循环经济存活于如今环境保护与经济增长矛盾日益凸显的大背景下，并非物质的完全利用（循环做广义理解），我们应看重它对环境保护的积极作用，很大程度上是可以实现环境保护与经济增长双赢的，它对代内与代际的发展具有重大意义，并不是一个伪概念。

第二节 我国循环经济的实践与探索

循环经济实质上是一种以经济、社会、政治、文化、生态五维整合发展为前提，最终实现人与自然和谐相处的经济发展模式。经过这些年的发展，我国循环经济实践已经取得了一定成绩，但是依然存在诸如制度不完善、技术欠缺等问题。为了进一步推动循环经济的发展，我们应该在更高的层次上探索循环经济的发展路径。通过政府"生态转型"、发展循环型企业及树立可持续消费观，促进循环经济的发展，实现经济、社会、生态三者效益的统一。

一、对循环经济的重新审视

（一）循环经济的社会功能

发展循环经济有助于实现社会公平和扩大就业。首先，自然资源作为社会公共品，它的配置公平问题成为社会公平的突出问题。资源配置的公平不仅包括群体间、地区间、国家间的横向配置公平，还包括代际的纵向公平。通过发展循环经济，减少资源消耗、提高资源利用率，才能有效地解决资源配置的不公平问题。其次，发展循环经济为促进社会就业提供了现实可行的重要路径。循环经济不同于传统经济，它要求对既有的产业结构进行升级，对现有的关联产业也提出了以实现生态效益为前提的重新排列组合的要求，对企业从投入到产出都提出了更高的符合生态规律的要求。这些要求并不意味着限制的增多，而是催生了更多新型产业和企业，提供了更多的契机，为创业和就业提供了更大的空间[2]。

（二）循环经济下的政府职能

在发展循环经济的过程中，政府的作用可以归纳为三点，即引导、支持和规范。第一，政府的引导作用体现在以下方面：政府引导社会投资方向，引导各类金融机构为发展循环经济项目提供贷款支持；政府通过绿色采购行为，引导全社会的发展模式和消费模式转变为符合生态规律要求的模式；政府通过宣传和推广，引导全社会价值观、发展观实现转变。第二，政府的支持作用体现在以下方面：为循环经济的发展提供政策支持和制度支持。政府提供各种政策支持，通过财政、税收手段鼓励企业的生产运营活动实现资源节约和废物循环利用，完善可再生资源和自然资源的价格形成机制；政府作为制度供给者，通过在制度创新方面发挥直接承担者和主导者的作用来解决循环经济制度供给不足的问题。第三，政府的规范作用体现在以下方面：政府通过完善循环经济的相关法律法规，明确各行为主体的责任和义务并规范市场，为循环经济的发展提供沃土，同时对触犯相关法律法规的主体实施惩罚，以规范各方的行为。

（三）循环经济的运行机理

循环经济在物质循环的表象下进行着价值循环，利润大于零依然是循环经济价值链的形成前提及发展的内在驱动力。经济运行中价值链的运动过程可以概括为三个阶段，即"价值投入—价值物化—价值实现"。价值链的第一个阶段是价值投入阶段，即投入

---

[2] 周泽炯,胡建辉.基于 Super-SBM 模型的低碳经济发展绩效评价研究[J].资源科学，2013，35(12)：2457-2466.

各种资源（物质资源和人力资源）；第二个阶段是价值物化阶段，通过对投入资源的合理利用和开发，将自然资源的价值转移到新产品中，将劳动力价值物化在新产品中；第三个阶段就是价值实现阶段。循环经济的价值运动过程同样也要经历这三个阶段。但是在这个价值链运动的过程中，传统经济只追求价值的单一循环，而循环经济则以生态规律为基础，旨在实现价值循环和物质循环的统一。循环经济的物质循环过程是指在产品开发、设计、生产及消费等各个环节实现资源"从摇篮到摇篮"的循环利用过程，从而达到资源节约、污染减少、生态保护的目的。

（四）循环经济下的文化诉求

文化会对经济发展产生能动的反作用：一方面，先进的文化会促进社会经济的进一步发展；另一方面，落后的文化会抑制经济水平的提高甚至会强化它的落后状态。

文化领域对人与自然关系探讨的不同结论，体现了不同的价值观和生态伦理观。中国人自古以来就重视人与自然关系的和谐，"天人合一"思想便是最好的体现。所谓"天人合一"，即人与大自然的合一。先贤智者的诸多作品（如《庄子》《易经》《孟子》等）中都表达了"天人合一"的思想。西方社会也重视对人与自然关系的研究，他们从伦理道德的角度来看待人与自然，无论是生命中心主义还是生态中心主义，都承认自然的内在价值，并且将人类的道德关怀延伸至整个自然界。

如何看待人与自然的关系，对经济社会发展模式的选择起着至关重要的作用。因此，要发展循环经济，只有在全社会建立起与其相适应的价值观和生态伦理观，在观念上意识到人与自然关系和谐的重要性，才能进一步正确指导实践，使循环经济真正发展起来，人类社会才能真正实现可持续发展。

（五）循环经济与生态修复

生态系统自身具有整体性、循环性、再生性的特点，它通过"生产—消费—分解—再生"的循环过程及自我调节机制，实现物质循环并使自身处于一种动态平衡中。传统经济只注重经济系统内的增长，大量地向自然界索取资源、肆意地向自然界排放废弃物，导致生态系统的"生产—消费—分解—再生"循环运动链条断裂，对生态环境造成了严重的难以修复的破坏。

循环经济一方面通过经济系统内部循环实现资源节约、废弃物减少，把经济增长对生态环境的影响控制在生态系统的承载范围之内，从而减少对生态系统的破坏，实现生态的良好发展；另一方面循环经济致力于实现更高层面的目标，即通过协调经济系统和生态系统，在两个系统间建立起"生产—消费—分解—再生"的链条，实现经济系统与生态系统的协调发展。

通过以上五个方面的分析,我们知道循环经济实质是一种实现经济、社会、政治、文化、生态的五维整合发展,最终实现人与自然和谐发展的经济发展模式。

二、发展循环经济的实践经验

西方国家较早进行循环经济实践并且取得了一定的成效,尤以德国和日本最为典型,这两个国家的循环经济实践处于世界领先水平。西方国家的循环经济实践都是从本国实际情况出发,重视相关法律法规的建设,并且重视技术创新和进步。

由于资源匮乏这一劣势,德国人非常重视资源的回收和循环利用。德国发展循环经济的实践经验可以归纳为两个方面:第一,制定完善的法律法规。自1972年开始,德国相继颁布了《废弃物处理法》《物质闭合循环与废弃物管理法》等法律法规,对废弃物回收、资源循环利用等具体过程及相应行为人的责任和义务做了明确的规定。第二,建立废弃物回收和处理机制。通过建立双元回收系统这一非政府组织,对废弃物进行回收、分类和处理,建立起从企业到区域的物质循环管理模式。

企业必须将经营目标由传统的追求利润最大化转变为以实现经济、社会、生态三者效益统一的目标,而要实现这一目标的转换,企业就必须选择循环经济的发展模式,转型为循环型企业。一方面,循环型企业重视减少资源投入,提高资源能源的利用效率,降低企业生产运营成本,以更少的资源投入获得更大的效益,有利于提高企业自身的竞争力;另一方面,循环型企业不仅要遵循市场经济规律,还要遵循自然生态规律,其工艺流程要符合生态经济系统的规律,实现"资源—产品—再生资源—绿色产品"的循环。发展循环型企业,要求关联产业进行以实现生态效益为前提的新的排列组合,必须致力于产业结构的优化升级,这也与经济新常态下的发展路径相一致。

21世纪初,循环经济理念在我国逐渐受到重视,学界掀起了研究循环经济的热潮,发展循环经济也被提上了国家长期发展规划的日程。当然这个时期的循环经济主要还是停留在理论研究上。从2006年开始,我国大力推行循环经济示范试点,随着2009年《循环经济促进法》的颁布和实施,我国发展循环经济的实践全面展开,在辽宁、山东、江苏等8个省市进行循环经济试点并逐渐发展壮大;同时,借鉴德国和日本的实践经验,重视提高工业废弃物的回收利用效率,在多地建立了工业园区和农业园区,在废弃物循环利用和清洁生产方面取得了明显成效。虽然这些年我国发展循环经济已经取得了一定的成效,但是依然存在诸多问题:第一,对循环经济的认识还不够充分,对循环经济的理解过于狭隘;第二,发展循环经济的法律法规和运行机制尚不完善,相关权责尚不明确;第三,目前仍然缺乏符合我国国情的循环经济技术支撑体系,相关技术有待开发。

这些问题都严重制约了我国循环经济实践的进一步发展。究其深层次原因，是因为我们将循环经济的发展局限在经济领域内，而忽视了循环经济与其他系统的关系，忽视了循环经济实质上需要在经济、社会、政治、文化、生态五维整合的格局下发展。因此，发展循环经济需要全社会方方面面做出相应变革，应该以经济、社会、政治、文化、生态五维整合的视野探索循环经济的发展路径。

三、我国发展循环经济的现实路径

（一）政府的"生态转型"

政府作为政治体系的核心，其职能的有效发挥在循环经济的发展过程中起着举足轻重的作用。因此，政府应该充分发挥引导、支持、规范的作用，引导经济的正确发展方向、提供循环经济所需政策制度支持、规范市场各方主体行为，以进一步推动循环经济良性发展。那么，政府怎样有效地发挥其职能呢？发展循环经济的现实路径之一就是实现政府的"生态转型"。

政府的"生态转型"，是指政府在开展工作时，要在生态优先价值目标的指引下进行生态管理，实现社会、经济、生态三者效益的统一。生态优先作为价值目标，是指政府应重视环境保护和保持生态平衡，在社会、经济、生态三者效益发生冲突时，以不损害生态效益甚至优先考虑生态效益为前提开展工作；在实际工作中，通过绿色采购行为和投资引导等对经济发展方向做出正确指引，通过财政税收手段、制度创新等为循环经济的发展提供政策和制度支持。生态管理是指在国民经济发展的总体规划中考虑生态环境代价，构建绿色GDP核算体系（政府的绿色绩效评估体系），把资源环境成本和收益纳入这一核算体系，以弥补传统政府绩效评估体系和GDP核算体系的不完善，强化政府在环境监管方面的应尽职责；同时，完善循环经济发展的相关法律法规，明确各行为主体的责任和义务、规范市场和各方行为，从而实现经济稳态增长、社会持续进步以及生态可持续发展的目标。构建绿色GDP核算体系，也有助于改变一些领导干部的政绩观，避免领导干部为了追求政绩，盲目地实现GDP增长而为此付出沉重的生态环境代价。

（二）发展循环型企业

发展循环经济，企业作为经济发展的微观主体，就要改变传统的生产经营方式。因此，发展循环经济的现实路径之二是发展循环型企业。转变生产方式是企业承担社会责任的应尽之责，同时也是为了顺应时代发展要求，避免被激烈的市场竞争所淘汰的必然之举。

面对国家节能减排的号召及资源形势严峻的现实，控制系统也逐年呈现出自动化的过程。目前我国电气工程主要应用DCS控制系统并采取集中控制手段，是控制系统自动化的典型代表。DCS系统意为分布式控制系统，它以微处理器作为基本元件，以控制功能分散、显示操作集中、兼顾分而治之和综合协调为设计原则，具有数字控制、人机交互以及监控和管理等功能。与以前的传统式控制系统相比，它是一种更加高级的、完善的控制与管理系统。集中控制系统是将各种信息统一放入一个处理器综合运用的技术手段。这种处理目前还存在着一些缺陷，需要继续完善和提升。

在产品设计方面，循环型企业应尽量设计减少资源消耗或可回收利用的产品；在生产过程中，采用清洁生产和绿色制造工艺；在成本—收益计算方面，应将环境成本和生态收益纳入核算体系，通过在成本中计入生态环境价值来计算产品的绿色价格，将生态约束内化为企业的成本约束。这种包含生态价值的成本计算，降低了进行生态监管的各种成本，进一步实现了节约。

（三）转变消费模式和消费观念

消费既是经济活动的起点，又是经济活动的归宿。消费作为经济运行中与生产同等重要的核心环节，消费者的行为和价值观对经济发展的作用不容忽视。发展循环经济，消费领域也应做出相应转变。因此，发展循环经济的路径之三就是转变消费模式和消费观念，在全社会树立起可持续的绿色消费观。应当指出，当前盛行的"消费主义"与循环经济发展背道而驰。所谓"消费主义"，是一种将消费作为人生追求目标的价值观，这种消费观必然会造成资源的浪费和整个社会发展的不节约、不经济。发展循环经济就是要摒弃盲目的消费主义，代之以可持续的绿色消费观，进行绿色的、适度的消费，使消费不仅能满足当代人的需求，而且不危及后代人的发展。这种可持续的消费观的建立，也是一种尊重自然、保护生态、以实现人与自然关系和谐为主旨的生态伦理观的体现。发展循环经济，需要社会各个领域发生变革，不应将目光局限在经济领域，而应在经济、社会、政治、文化、生态整合统一的视野下来探究循环经济的发展路径。通过政府"生态转型"、发展循环型企业以及转变消费观，促进循环经济的发展，实现经济、社会、生态三者效益的统一。

第三节　大力发展循环经济的难题与对策

随着我国经济的迅速增长，我国在大力发展经济的同时，难免会犯片面性的错误，过于追求经济的发展和繁荣，而忽略了对我国资源存量的保护性利用和对环境承载力的考虑，这导致我国资源出现短缺化、环境出现极度恶化等问题。因此，在这样岌岌可危的情况之下，大力发展循环经济成为促进我国经济发展、保护环境的当务之急。但是，循环经济作为一种新的经济发展模式，我国在发展的同时毫无疑问会遇到一系列的障碍性难题，本节就是对我国循环经济发展所面临的难题进行探究，并提出解决对策。

一、我国发展循环经济所面临的主要难题

（一）缺乏行之有效的发展循环经济的保护制度和政策

目前，我国所存在的制度性障碍是促进我国循环经济大力发展的主要难题之一，我国并没有制定行之有效的奖惩机制来制约和引导人们学会保护资源和环境，基本上还是依靠道德来约束人们的行为，而道德有的时候对人的约束是有限度的，并不能够有效地达到保护环境、节约资源的目的。同时，由于社会主义市场环境下，企业之间的竞争越发激烈，很多企业为了获得良好的市场占有率和可观的经济效益，企业之间出现了过度竞争的现象，甚至很多企业为了私利，生产假冒伪劣商品、浪费资源，部分企业经常会出现过度包装产品和使用一次性包装产品的现象。这些行为都不利于循环经济的发展，因为根据国家包装技术标准要求，作为产品的外包装其价值不允许超过产品本身的7%，但是我国很多产品的外包装价值已经远远超出国际包装标准的要求，甚至有的外包装价值已经超出本产品的20%左右，这种过度包装的行为背后所隐藏的问题就是对资源的极大浪费。除此之外，我国在发展循环经济的同时，在税收制度方面也存在一定的问题。具体表现就是我国在加入世界贸易组织之后，经济获得高速发展，国际贸易往来越来越频繁，但是我国却并没有根据经济发展的状况制定与国际接轨的税收政策。在这里我们举一个典型的例子来说明，国外对废旧轮胎早已实现循环无偿使用政策和免税政策，但是在我国不仅无法达到这一要求，其税率还要远高于其他行业的税率。这种税后政策的滞后性，对循环经济的发展十分不利[3]。

（二）缺乏健全的法律制度和法规

目前，我国关于促进循环经济发展的法律制度还不健全，存在的漏洞还比较大，现存的法规条例所规定的内容具有很多不清晰和不合理之处，这种模糊性的概念导致很多经济比较落后的地区为了促进本地区的经济发展，不惜以损坏环境、浪费资源为代价。另外，我国各地区的政府和部门在执法的过程中也有疏漏之处。因此，健全我国的法律法规是发展循环经济的必经之路。

---

[3] 宋晓华. 基于低碳经济的发电行业节能减排路径研究 [D]. 华北电力大学，2012.

(三)受传统思想观念的影响,对循环经济的认识不足

目前,我国在发展循环经济的过程中还存在思想上的障碍问题。首先,人们的消费观念不正确,有暴发户的心理,部分人总是想通过金钱购买更多的产品证明自己的优越感,而忽略所购买的产品对自己所产生的实际效用。在这种不正确的消费观念影响下,无形之中就造成很多的浪费。因此,作为消费者对资源浪费和环境污染必须负有部分责任。其次,我国民众受传统经济模式的影响,对循环经济的认识不足,人们的思想观念没有发生改变,没有意识到节约资源、保护环境的重要性,也就无法从行为上对自己进行约束。

(四)社会机制滞后,影响我国循环经济的发展

想要促进循环经济发展,就必须建立与之相匹配的社会发展机制。但是目前我国的社会发展机制具有一定的滞后性,难以跟上循环经济发展的步伐。与西方发达国家相比,我国循环经济之所以发展得如此缓慢、推进得如此困难,很大一部分原因就是社会机制滞后。首先,我国政府虽然在大力倡导发展循环经济,并制定了相应的循环经济发展战略和目标,总体来说动力非常足、态度非常积极和明确。但是在落实到地方的过程中,难度被不断地扩大,地方政府难以有效地贯彻中央政府关于发展循环经济的政策,互相推诿,缺乏执行力。地方环境部门和地方经济部门之间更是难以有效地配合,常常出现环境保护部门,希望实现经济和环境之间共同发展和促进的局面,而经济部门则是更多地考虑地区的经济发展问题,而忽略对当地环境的考虑。其次,各个企业在发展循环经济时动力不足。产生动力不足的原因主要有两个:一是企业本身就缺乏内在动力,缺乏对循环经济发展的充分认识,并且责任感比较低,意识不到节约资源、保护环境、发展循环经济的重要性。二是企业发展循环经济必须有强有力的技术力量,而有些企业经济实力比较薄弱,对循环经济发展这一方面没有办法投入大量的资金,自然而然也就无法使用先进的生产技术和生产工艺,那么也就无法达到环保排放、降低消耗这一目标了。最后社会民众的认识不足、参与性不强。我国民间的环保群众性组织寥寥无几,而单单依靠政府和环保部门来组织和实施环保活动的话,所取得的效果又不是十分理想。这些问题都是阻碍我国循环经济发展的原因。

二、我国大力发展循环经济的对策

(一)建设行之有效的制度

我国想要大力发展循环经济,就必须积极建设行之有效的制度,也就是要以循环经济的发展要求为中心,建立与之相匹配的能够促进循环经济发展的各项制度,进而促进

循环经济的发展。对于循环经济的发展，要将生态环境和资源作为首要考虑的前提，明确生态环境、资源及经济发展之间的关系。在明确问题之后，再进行相应的制度建设。首先，建设激励机制，我们发展循环经济的最终目的既是为了实现经济增长的目标，又要达到实现保护环境、节约资源的目的。这就要求政府先做好政策导向工作，将发展循环经济作为政府关注的重点问题，并给予一定的优惠政策支持，如直接投资、政府补助、贷款支持等政策，形成促进循环经济发展的激励机制。其次，建设环境保护机制。这就需要完善与循环经济发展相适应的宏观管理体系，然后在此基础上政府和市场相互结合，构建新的环境保护机制。既要对资源的开发使用进行严格管理，如明确规定资源勘查和开发的条件、对资源的使用方式进行合理利用与安排，还要综合考虑到经济效益、环境效益和社会效益三者之间的关系，促进三者之间的良好循环。最后对我国的税后政策也必须积极地进行改革，要进行相应调整使其跟上循环经济发展的脚步。第一，对于一些归属于循环经济型的企业要实施一定的免税政策和政府补助；对于资源税制度进行适当的调整等。第二，完善我国的关税政策，对于一些污染比较大、能源消耗比较严重的产品提高其出口关税率。

（二）构建完整循环经济的法律体系

在我国想要大力发展循环经济，必须完善相关法律制度，为循环经济的发供法律支撑。我国循环经济法律制度的完善可以在结合我国国情的基础上，借鉴一些西方相关的法律制度。而在完善法律体系的过程中，尤其要以明确循环经济主体的责任为核心。首先，明确政府责任，也就是说要制定相应的法律法规，将生态环境作为资源归属到政府的公共管理之中。其次，明确企业责任，尤其是要强调企业在污染物排放方面的责任，明确企业对废弃污染物的处理、资源循环利用及环境保护方面具有不可推卸的责任。最后，明确社会公众的责任，明确公众享有知情权和监督权等。作为公民要知道自身有权利了解自己是否处于一个健康的生活环境中，一旦发现问题，公民可以对排污企业进行举报，以此来保证自己的合法权益。在明确责任之后，就可以从以下几点对法律体系进行完善了。第一，我国要对宪法进行修订，将循环经济的发展和保护环境的相关内容归入宪法之中。第二，对现存的循环经济方面的相关法律进行归纳、整理和修订，制定一部相对比较完善的循环经济法律。

（三）创新思想观念，充分认识到循环经济的重要性

我国想要大力促进和发展循环经济，不仅需要依靠政府的倡导和企业的自我约束，也更加需要社会广大公众的积极参与。而想要改变人们传统的思想观念，让人们积极参与到循环经济当中来，首先必须积极展开关于循环经济的宣传和教育工作，让社会民众

充分意识到发展循环经济、节约资源、保护环境对自身的益处,当循环经济的概念深入人心之后,社会民众自然而然就会将其转化为自动行为,进行资源节约、环境保护等工作。例如,可以通在教材中深入循环经济、资源节约、环境保护等内容,影响到学生,进而让学生影响到家庭、扩展到社会;还可以通过大众传媒等方式,通过广播、电视、互联网、多媒体传播循环经济的理念,潜移默化地影响到每个人。其次,改变社会公众的不良消费心态,让其消费观念变得正确和健康,积极倡导绿色消费观,使人们自觉意识到保护环境、节约资源的重要性。例如在日常生活中,鼓励人们购买耐用性产品,尽量避免购买华而不实、包装严重超标的产品。鼓励每个人做好节约水电、废旧物品二次利用的工作。

(四)建立与之相匹配的社会发展机制

为促进循环经济的发展,必须建立与之相匹配的社会发展机制。第一,中央政府要将关于循环经济的发展政策贯彻实施下去,要求各地方政府必须积极配合工作,不得推诿躲避,加大其执行力度,促进循环经济又好又快地发展。第二,地方经济部门和环保部门要协调好彼此之间的关系,这两个部门作为发展循环经济的重要部门,必须紧密配合、互相促进,才能够让循环经济发展工作顺利开展。第三,企业提高内在动力,实现技术创新。

在 21 世纪的今天,我国发展循环经济已是必然的趋势,为了让人们生活在蓝天下,让我们的生活质量更加有保障,我国必须克服重重阻碍,大力发展循环经济。

第四节 财税政策扶持循环经济发展

传统经济一般呈现线性特征,循环经济作为新理念支撑下的产业模式,因其对资源的高效利用而成为发展经济的优先选择。本节基于对现行财税扶持政策的调研与分析,提出促进循环经济加快发展的财税政策调整方向,以期为财税决策提供参考。

一、内涵限定:循环经济的优势

循环经济作为新型经济模式和产业架构,其重点是在资源集约利用理念的指引下,对传统商品形式与商业模式进行全新布局,以资源的链式应用和对环境的友好循环利用为核心特征而形成的一种经济发展新思维。循环经济实现对传统经济的三个颠覆:一是经济发展模式由纯消耗型转向聚焦发展的可持续型;二是环境治理模式由尾端惩治转向先端调整；三是发展宏观管理由各个部门各行其是转向协调共同治理。

从循环经济的内涵我们可以总结出其优势主要体现在两个方面：一是经济层面的资源高效利用，节约经济发展成本和消耗；二是环境层面的生态保护，具有生态伦理特征，以其生产和运作方式的新构建缓解发展与自然资源的关系。其优势又体现为三个目标的同步实现与合作共赢：一是经济高质量增长，具体包括总量增长和结构优化，二者不可偏废；二是环境安全，将彻底改变传统经济模式的弊端；三是资源再循环使用，单位资源从经济全链条看其应用价值远超传统模式。

二、逻辑关系：循环经济对财税政策的诉求

（一）循环经济发展必须依靠宏观手段的强力助推

新型经济模式与传统经济模式抢占发展空间往往会经历高投入阶段，此阶段新型经济模式需要应对制约与困境，而且平稳过渡往往需要坚持长期投入。循环经济困境特征尤为凸显，因其发展模式强调摆脱对自然资源高依附性且流程构造复杂，因此将长期处于模式突破阶段，前期产出效益低无法吸引市场主体。因此，鉴于其公益属性，政府应当运用各种支持手段助推其发展，并通过探索运作，构建起一整套行之有效的政策激励机制与体系。

（二）财税扶持政策具有先天制度优势

财税政策作为重要的宏观经济调控手段，其对循环经济发展的促进作用无可替代且具有较为广阔的空间。一是财税政策与货币政策是政府对经济进行宏观调控的两种手段，循环经济作为新兴经济发展模式，财税政策对其具有最为直接的激励作用；二是财税政策对循环经济的促进作用体现为多种手段，可以采用直接投资、采购政策倾斜、财政资金奖励、税收政策优惠等方式，可以综合施策、多处用力，形成较为完善、配合密切、效果显著的激励制度体系。

（三）财税政策具有有效的施策途径

财政政策和税收政策可以对循环经济发展进行全流程、全过程激励。从经济运行环节来看，财税政策既可以对企业初始投入环节进行鼓励支持，也可以在产品进入市场环节予以政策扶持，甚至可以在企业投入前端的基础设施建设上着手，营造良好的营商环境。从市场主体来看，除了对一般生产者和消费者着手进行保障外，其突出特点就是强化对分解者的政策扶持。这部分市场主体数量少但在循环经济发展中的作用至关重要，财税政策可以激励其对废弃物进行防治和处理。

三、问题查摆：正视现行财税政策体系的弊端

（一）财政政策

一是财政资金投入总量偏小。目前中央已经设立了支持循环经济发展的专项资金，但从资金使用方向来看与其他奖励政策有重合之处，使得财政资金对循环经济发展的支持保障作用发挥不充分。另外从地方情况来看，多数省市未设立独立基金，政府对循环经济产业的投入大多处于"一事一议"的状态，使得资金投入缺乏连贯性。二是消费补贴力度较小。企业产品在市场竞争中具有优势是其能够健康持续发展的最重要一环，因此对循环经济产品进行消费补贴是财政扶持政策的题中之义。目前，我国受惠范围较广、支持效果较好的主要是家电产品的"以旧换新"试点。但总体来看，财政政策补贴力度不足、范围较窄，面向清洁能源、节能产品的消费补贴体系尚未建立起来。三是支出结构不合理。从目前的实际情况来看，政策的受惠范围局限于部分企业和项目，对提升社会参与度的作用有限。采取的支持手段也大多具有一定的局限性，缺乏对关键行业、关键环节强而有效的刺激，杠杆效应发挥不明显，不利于打通整个循环经济的脉络，激发循环经济产业本身的活力。

（二）税收政策

一是税收优惠政策范围较窄。目前，我国的税制并未设计针对循环经济的优惠政策，也不符合税制设计的基本要求。分税种来看，增值税对相关节能环保产品的优惠政策较为单一，能够享受税收减免的产品种类少、政策类型少且优惠力度不大，多数循环链原料及产品未列入优惠范围。消费税和资源税方面，共同的突出问题就是多种消耗品和自然资源未列入征税范围，不利于对自然资源实施全面保护。二是优惠政策期限较短。除前述增值税政策外，现行企业所得税法对相关企业的优惠期限为1~5年。但是正如前文所说，循环经济企业从投入到产出往往具有长期性，较短期限内的优惠政策使得企业由于未实现利润而无法享受，过短的优惠期不利于鼓励企业长期坚持资源节约循环利用的生产模式。三是税率结构不尽合理。这主要体现在资源税和消费税两个税种上。资源税的征税方式和税率设计对开采给环境带来的负效应无关，只是针对自然资源的价值属性进行征税，使得资源税应当具备的节约与防污染意图无法实现。而消费税方面，对新能源汽车应当给予特定的税率优惠，目前在这一方面税收立法尚呈处缺位状态[4]。

---

[4] 付加锋,郑林昌,程晓凌.低碳经济发展水平的国内差异与国际差距评价[J].资源科学,2011,33(4)：664-674.

四、实现路径：财税扶持政策的调整与优化

（一）基本原则

一是效率与公平兼顾，同时考虑政策的实施效率和促进税收公平；二是调控的灵活性，财税政策的设计要对不同情形予以不同方式的支持；三是奖优罚劣，要采取正向激励和负面惩处两种手段，力争发挥出综合施策效果；四是确保可行性，既要考虑支持循环经济发展的需要，又要考虑财政承受能力；五是坚持整体推进，注重从循环经济运行的全过程进行对症施策，制定切实可行的分段政策。

（二）财政政策

1. 财政预算政策。财政部门应当积极发挥职能作用，不断加大财政扶持力度，提高财政资金使用效率，扎实推进循环经济发展。比如，要将财政资金用于循环经济项目和城市矿产、餐厨垃圾、园区循环化改造等国家级示范试点项目，有效促进循环经济平稳起步和较快发展。各省市要不断加大自有资金支持，采取贷款贴息和补助方式对循环经济项目和循环经济试点园区内的建设项目予以支持。积极与世界银行等国际组织开展合作，争取赠款、低息借款等支持低碳城市建设和生态环境保护。

2. 消费性支出。完善制度，从采购预算、采购计划、采购需求、采购文件、采购评审、履约验收等环节明确落实节能环保产品强制采购和优先采购政策的具体要求，提出通过给予节能环保产品一定比例的评审加分或价格扣除落实优先采购政策。可以参照德国的做法，由政府牵头，以行业协会为依托，对各种产品进行绿色认证，编制政府绿色采购清单，进行优先采购。严格落实绿色采购政策，在年度安排的预算单位和采购代理机构政府采购专项监督检查工作中，将落实绿色采购政策情况纳入检查范围。

3. 投资性支出。一方面政府要做好基础设施建设和营商环境打造工作，特别是大型项目、循环经济园区和农业生产的基础设施构建方面，要加大投入力度；另一方面找准循环经济发展各个环节的关键点，通过少量财政资金投入，激发民间资本和人民群众的参与热情。对基础设施进行重点投资和统一规划，对海水淡化、节能改造、资源再利用等重点项目的研究开发，可以与科研实力强的企业或机构合作。

4. 财政资金补贴。政府可以充分借鉴先进国家的做法，采取物价补贴、政策贴息、企业经营亏损补助、税前还贷等方式，支持循环经济企业加快发展。

（三）税收政策

1. 打造绿色税收体系。以环境保护税开征为契机，以保护环境、合理开发利用自然资源、推进绿色生产和消费为目标，继续完善税收制度，进一步理顺税费关系，培育地

方税源，建立绿色税制，形成有效的约束、激励并举机制，促进绿色发展、绿色生活，促进资源节约利用，倒逼经济发展方式转变，进一步支持循环经济加快发展。

2. 改革资源税。按照"清费立税"的思路，在对现行各类资源收费进行全面梳理排查的基础上，根据实际情况推进费改税，时机成熟后再考虑修改资源税税目，扩大资源税的征税范围。要优化资源税税率结构，对部分产品实行累进课征制，同时要将环境消耗情况作为重要因素进行税率设计，普遍调高单位税额或税率。

3. 完善流转税和所得税。对现行税制和税收优惠政策进行通盘考虑，将一些重要消费品纳入消费税征收范围。根据不同产品的环境友好程度和资源耗费水平，设计差别税率，对绿色产品予以低税率或减免税；扩大增值税优惠政策受益范围，完善增值税抵扣链条和进出口环节增值税政策；延长企业所得税优惠政策期限，采用税前扣除等方式鼓励企业对循环经济基金项目进行捐赠，等等。

第五节 循环经济下的环境管理

随着全球经济一体化的不断深入，世界各国间的密切合作有效促进了经济的迅速发展，同时也加快了地球资源的消耗，使地球的生态环境遭到了严重的破坏，危及全人类的居住环境与身心健康。因此，发展循环经济实现生态环境的良性循环、建立有效的环境管理机制已是大势所趋。本节笔者对我国现阶段发展循环经济下的环境管理展开了相关的探讨，以期给有关研究提供一些价值参考与借鉴。

一、我国现阶段环境存在的主要问题

很多国家为了追求经济的迅速发展，满足其持续增长的物质需求，没日没夜地掠夺与破坏大自然，最终导致全球生态环境出现严重危机，对社会公众的身心健康也造成不可估量的影响。我国当前的环境问题归纳起来主要有环境污染、能源与资源危机、食品安全等问题。随着华北地区出现严重的雾霾天气，致癌细颗粒物频繁地在老百姓生活中徘徊；国内一些沿海地区特别是广东沿海的土地受到严重污染，务农者过多地使用化肥、激素或催化剂品等，是导致该地区不育不孕现象增多的重要原因；还有一些地区出现了干旱灾害等其他危机，已发出相应警报。各种各样的环境问题已给人们带来诸多困扰，环境形势不容乐观，资源短缺弊端持续显露。在社会主义经济高速发展的关键时期，大力推进绿色发展、循环发展、低碳发展，创新环境管理、倡导绿色生活，已是各地政府实现经济发展和生态保护"双赢"局面的关键战略。

二、现阶段环境管理的主要手段

针对目前国内环境存在的主要问题,可采取的管理手段主要有如下几种:

(一)行政法律手段

行政手段指的是具备行政管理能力的机关,按照国家行政法规所给予的权力制定政策方针,创建行之有效的法规标准对环境资源保护工作实施决策监督与有效协调;法律手段指的是依法管理环境,对环境产生的污染加以控制或消除,从而对自然资源合理地进行利用,有助于维护生态平衡。执法部门依法监督和管理区域环境,严厉打击无证排污、超标排污、偷排漏排等各类环境违法行为,依法查处违法主体,责令限期改正,并督促落实整改措施。环境管理只有站在法律的肩膀上,一切非法破坏环境的行为才能得到有效惩治,才能还人们一个青山绿水的优良环境。

(二)经济手段

经济手段指的是采取价值规律,采取价格、信贷、税收等,对生产者在资源开发中的行为加以有效控制,以有助于抑制破坏环境的一切经济活动。例如,对排放污染物的企业征收环境保护税;对因违法排污导致环境污染的生产行为进行罚款;对非法排污影响广大群众身心健康的企业或单位,责令赔偿损失给受害人;对治理污染相对积极的企业或单位应当给予一定奖励;还有对重点环保城市、低碳生产地区等的环境治理工作给予一定的资金支持等,从而推动各行业生产活动向可持续发展方向靠拢,引导和促进资源的合理开发和有效利用。

(三)技术手段

技术手段指的是通过管理和科技创新,在提高生产力的同时,将环境损害程度降至最低。在环境管理过程中采取技术手段能够科学化地管理环境,与其由政府采取强制性手段进行干预,倒不如由企业或单位通过采购相关设备,或进行技术改造来优化自身产业结构更加明智,这样做更有利于减少污染物排放、改善环境,或者向实现无污染生产靠拢。

环境问题是否能够得到彻底的解决,有赖于科学技术作为强大后盾,若是缺少发达的科学技术,就难以及时发现当下环境所存在的种种问题,即便已经发现了也不能得到有效的控制。比如,在田地施用化肥与农药、围湖造田等,经常会产生不良的环境效应,这说明了人们的生产活动对环境的无情破坏缺乏科学的预见。

（四）宣传教育

宣传教育通常是进行普及环境科学知识，是环境管理行之有效的一种手段，然而更加重要的是切实做好思想动员。通过杂志、报纸、影视、网络和文艺演出等多种不同的文化形式开展宣传，促使广大群众对环境保护的内容与意义有所了解，强化全社会的环境保护意识，激发群众对保护环境的参与热情，将保护环境变成一种自觉行动，从而产生强大的社会舆论影响力，让人们可以真正地做到保护环境人人有责，最终实现绿色低碳的生存环境。同时，目前生态环境破坏的来源主要为各类企业，企业在追逐经济利益之余没有考虑到环境的重要性，在未来的发展过程中，政府应该针对企业、单位进行定期的环保宣传教育，将推行循环经济的思想融入企业之中，提高企业对社会环境的保护意识，从而降低企业的污染，实现真正的绿色发展。

三、发展循环经济下的环境管理新策略

面对我国目前的各种环境问题，结合实际情况，笔者认为可以按照如下几点策略去实施，有效解决错综复杂的环境问题：

（一）创新生产模式，积极发展循环经济

大力推行使用"资源—产品—再生资源"的循环经济生产模式，摒弃传统"资源—产品—废物"的生产模式。以往传统的生产虽然能够促使经济快速发展，但是付出的环境代价实在太大，长此以往不但消耗过多资源，且其所产生的废物排入田地中影响到土质，毫无疑问地会降低农作物的产量。循环经济的出现正好可以弥补此缺点，它能够把生产后的废弃物变废为宝，实现资源的再利用。这种生产模式不但能够使资源利用消耗最少，提高生产效率，而且会让环境污染减到最小，从而实现可持续的生产消费模式，真正地营造节能低碳的生产环境。

（二）积极创新，提升科技资源配置水准

现代科技的发展改变了人们工作与生活的方方面面，所以循环经济下的环境管理也应当与时俱进，通过采取高新技术，不断提高资源的利用效率，积极创建节约型社会经济。这要求在工业化的发展道路上形成低投入、高产出与少排污的生产理念，企业管理者需制定可循环的发展机制，在企业生产中以先进科技为支撑，不断积极创新，创建人与环境和谐的科技体系方为明智之举。

（三）在循环经济的前提下，修复自然环境

发展循环经济在一定程度上能够减少对环境的破坏，然而难以从本质上根治环境问

题，因此一定要在发展循环经济的前提下实施自然环境的修复。在修复的过程当中，强调以自然规律为前提，充分借助大自然的自我修复能力，与局部的人工技术相结合，实现恢复环境的效果，主要包括湿地、森林、农田生态系统等的恢复。这种借助大自然环境进行的修复相信将会受到越来越多人的青睐。

（四）提高认识，合理发展经济

自改革开放以来，纵观整个工业发展历程，资源缺乏合理利用，导致大量的资源浪费，再加上资源的过度开发，致使自然环境每况愈下。所以，若要想从根本上改变环境，需要从认知水平开始：人类得以生存有赖于自然做基础，人类发展与自然息息相关不可分割，过度地开发与利用自然资源，势必会造成自然界对人类无情的报复。所以，只有理智地处理好人与自然的关系，方可有效推动经济的良性循环发展，从而实现人与自然的和平共处。

总而言之，环境保护是一个永恒不变的话题，需要全社会共同参与，并为之努力不懈。而作为一名环境管理工作者，更需要起到带头作用，以足够的耐心迎难而上、与时俱进、不断创新，在国家提倡发展循环经济的前提下大力抓好当下的环境管理，维护我们的绿水青山与碧海蓝天，守护我们共同的家园。

第七章 经济学专业理论与实践教学的理论研究

第一节 中国古代经济的教学

经济发展为社会进步提供物质基础，中华文明几千年来历久不衰，并在世界上独具特色，这与古代经济的高度繁荣密切相关。谈起古代经济发展的具体成果，学生大都津津乐道，然而，对经济现象背后的政策因素以及经济自身的运行模式却知之甚少。课程标准对本专题的要求不仅是要了解农业、手工业和商业的成就，更要探讨经济的基本特点和经济政策的影响。在实际的教学中，教材却是重史实过程轻分析探讨，这就给一线教师设置了很大的难题，古代经济究竟呈现出怎样的特点？农业、手工业和商业之间存在着怎样的内在联系？它们的运行模式又给古代中国带来哪些影响？这些问题学生教师往往很难把握，而在新高考重视材料与情境设置的试题中，考查内容不仅只关注历史现象本身，更多的是关注历史规律的发展。因此，笔者认为有必要对教材中关于古代经济的内容进行深度挖掘，并试图对一些重要概念提出自己的教学思考。

一、几点疑惑与分析

中国古代经济史相关内容在各版本必修二教材中都是从农业、手工业、商业及经济政策四个大方面进行阐述，虽然各版本所选材料和描述方式详略不同，但对于浩瀚繁杂的古代经济史，也只能是蜻蜓点水式地呈现历史概貌，对于某些重要的概念不仅是简略带过，更是全然规避、毫不涉及。因此，仅就教材内容而言，学生很难对古代经济形成更深刻的认识。因此，下面笔者提出几点疑惑和分析，以期能帮助教师拓展思维，全面理解教材中的结论。

（一）重农抑商保护农业发展

重农抑商是中国历代王朝实行的基本经济政策，对中国社会影响深远。人教版和岳麓版教材对重农抑商政策的阐述都侧重于历代抑商的具体措施和由此带来的消极影响。人教版教材在叙述抑商消极影响的同时也强调了重农政策对小农经济的保护与促进。重农与抑商是一个政策的两面，对于历代封建政府究竟是实行抑商还是隆商，许多学者已有论述，这里姑且搁置不论。笔者想要探讨的是，我们一直认为保护农业生产的重农抑商政策理所当然地促进了小农经济发展，果真如此吗？

自战国商鞅首倡重农抑商以来，中国传统农业就得以在国家全力倡导和监督下成为一种进步的经济形态。"圣人知治国之要，故令民归心于农""国待农战而安，主待农战而尊"。农为邦本的强烈意识为后世历代君王所固守不替。然而，任何事物都有两面性，农业作为国本受到特别照顾的同时，也意味着国家的一切都要靠它来滋养支撑。封建帝国的政府开支、军费开支及对庞大皇室官僚特权阶层的支付费用居高不下，农民赋税徭役的负担就特别沉重，小农经济的积累也极端困难。有学者统计，唐宋以来赋税大体占总产出的30%~50%，人教版教材中说农民要将收成的2/3上缴给国家。"赋重而无等，役烦而无艺，有司之威不向迹，吏胥之奸不可诘……弱民苦于仅有之田而不能去……迫于焚溺，自乐输其田于豪民，而若代为之受病。"王夫之的这段论述充分说明赋税的沉重已使农民到了"以有田为累"的地步，这样的农业经济又何谈持续发展？

除了征收重税，在征收赋税的导向上，封建国家大都执行"劫富"政策，越是富庶的地区，征收的赋税越重。两宋以后，江南已成为全国经济最发达的地区，但随着全国赋税绝对值的不断上升，江浙地区的赋税又显得畸重。"韩愈谓赋出天下，而江南居十九，以今观之，浙东西又居江南十九，而苏松常嘉湖五府又居两浙十九也。"江南经济历时几个世纪发展已取得的可观成果，却被不合理的高赋税所吞食，本来还有可能出现经济率先转型的机会也由此荡然无存。固定的赋税如此，再加上各种临时性征收、徭役、兵役及各级地方政府的层层摊派，农民的处境可想而知。所以，大一统国家强制下分配结构的不合理，是抑制农业经济进一步变革的重要因素。

除了农业自身发展受政策摧残以外，重农抑商对农业发展的阻碍还体现在农业和商业的关系上。根据现代经济学常识，小农经济的发展必将引起商品经济的迅速勃起，商品经济的发展反过来又将促进自然经济的分解。对于这样的规律，司马迁认为国家的经济政策应该是"善者因之，其次利导之，其次教诲之，其次整齐之，最下者争之"。这就是说，好的经济政策应该是顺应客观规律，准许人民自由经营的。可是，重农抑商政策却出于富国强兵的"国家主义"需要，将保护小农经济和抑制商品经济相结合，阻断了二者之间良性互动、改善各自处境的通道，既伤害了小农经济，又扼杀了民间工商业。因为，"精耕细作的小农经济尽管有较高的生产水平，能给社会提供一个较高的余额，但封建统治者总是用劳役、租税和所谓盐铁之利等方式，从农民那里拿走比农民能够提供的还要多得多的剩余，结果造成越来越多的农民破产，沦为'或耕豪民之田，见税什伍'的佃农或雇农。如果农、工、商、虞四业是由民间经营的，那么，即使农民因剥削太重而破产了，变成为佃、雇农，他们向地主提供的剩余，仍有可能通过积累而化为工、商、虞各种形式的产业，从而导致社会财富增加和生产的发展"。然而，重农抑商政策的作用恰恰相反，它割断了农业和工商业之间的通道：一方面使工商业的利润转化成实际上的税收，作为政府的行政支出和皇帝、官僚的奢侈消费；另一方面社会生产的剩余无法用来扩大生产，农民的经济状况势必更加恶化，社会生产势必日益萎缩，经济生活势必陷入"农桑失业，食货俱废"的绝境。

由此，我们不难看出，延续几千年的重农抑商政策在对农业特别"照顾"的同时，不但"使农业本身受到重压，更使农业发展的成果无法扩散、转化、辐射到其他的经济领域，整个经济结构缺乏自身运行的独立机制，变得非常僵硬，难以变革"。教材中对重农抑商政策保护小农经济发展的定论，显然是浮于表面的。

（二）土地私有制与土地兼并

中国古代是典型的农业社会，农业经济自然离不开土地。因此，三个版本的必修教材都划出专门的篇幅来描述古代土地制度的演变以及与此相关的土地兼并问题，所持观点也基本一致，即从井田制发展为封建土地私有制。岳麓版教材更是明确了封建土地私有制包括君主私有、地主私有和自耕农私有三种形式。这样的叙述表面看起来很容易理解，但留给学生很多疑问：封建社会中的农民是受剥削的主要对象，怎么会拥有私有土地？他们的土地从何而来？地主占有大量土地，可为何在政权面前毫无保障，这是真的私有制吗？土地兼并会影响国家税收、引起社会动荡，那为何还有皇帝带头兼并土地？这些问题不但学生不明白，很多老师也糊里糊涂，教材留下的疑问还需要我们深入思考。

中国有土地私有制吗？翻开西方经济学的经典著作，我们会发现马克思在《资本论》中分析过，所谓土地私有制就是人们把土地看成是"排斥一切其他人的、只服从个人意志的领域""它是抛弃了共同体的一切外观并消除了国家对财产发展的任何影响的纯粹私有制"，也就是说私有制是具有排他性，不受国家影响的。

反观中国历史，自春秋战国"初税亩"以来，私有土地逐步得到承认。秦以来，民间土地可以自由买卖、转让和继承，土地私有制似乎已经确立。然而，自汉代以来出现的抑制豪强地主的事件，只要政府一朝令下，豪强地主及其宗族的原有田产全部化为乌有。权势再显赫的官僚地主，一旦有罪被抄没，所有田宅、金银、家眷尽数充入官府。这种在古代屡见不鲜的现象能说明地主拥有私有权吗？地主都如此，更不用说农民了。

究其原因，还在于中国的社会体制。在中国古代社会，没有西欧中世纪那种国王与各级贵族、商人、市民的协议关系，所有的关系都必须由各种形态的"家长"来做法人代表，而"家长"的顶端就是所有权的最后掌控者——国家或皇帝。这种以血缘家长为代表的集体所有关系，是国与家一体化的特有现象。一个社会体制中，都不存在独立的、自由的个人主体，如何能有纯粹的私有权，国家对经济的管理方式和控制程度，乃至对人身的控制程度，都会作用于私有权的实现程度。因此，马克思在说到"亚细亚形态"时，认为"凌驾于所有这一切小的共同体之上的总和的统一体表现为更高的所有者或唯一的所有者"，"在这里，国家就是最高的地主。在这里，主权就是在全国范围内集中的土地所有权"。"六合之内，皇帝之土"，王家范先生认为"国有产权"才是中国传统社会的本质。

土地私有制导致的必然结果就是土地兼并。然而，在中国传统社会私有制并不充分的情况下，土地兼并的现象却始终抑而不止，并有愈演愈烈之势，这一悖论又该如何解释呢？

从贵族政治到官僚政治的转变决定了封建政府必须诱以利禄才能使官僚系统有效运作起来。然而，一个依靠农业支撑的国家，面对庞大的官僚体系，俸禄支出必然是不堪重负的。因此，俸禄的有限就由额外的收入来补充，高度集权的政府以允许有限度的土地买卖来补足各级权力不能得到满足的缺憾，兼并土地实际就成为国家允许的有权势者获得财富的途径。当然，若任由土地兼并又势必导致国家财源的流失和地方势力坐大，所以教材中说，封建政府采取各种措施来抑制土地兼并，典型措施即为魏晋以来的均田制。从限田到均田，"国有产权"依旧是最高法则，当危及国家一统体制的状况出现时，国家随时都可以根据自身的需要限制直至收归土地为国有。但商品经济越发展，私有产权的发展越不可阻挡，因此，宋代出现了不抑兼并的土地政策。但这并不表明国家放弃了土地的产权，而是将"国家主权是最高产权"的原则实行了策略上的转移，即从直接由农民取得收益变为通过田主间接取得收益。即使如此，对少数大田产拥有者，帝国政府也常常以"朋党"、权臣和贪污等罪名，动辄将其财产与田地尽数"没入官府"，科举制的实行更是使"田无常主"成为普遍现象，"国有"的幽灵依旧无时无处不在。

总之，在两千年的大一统体制框架内，国有产权或强或弱地发挥着无所不在的能量。"任何名正言顺的国有产权，都会受到各种形式的侵蚀，被化公为私；而任何看似私有的产权，历经挣扎，也仍然逃不脱私有产权不完全的困境。中国传统农业产权的国有性质，植根于政治强制度化与产权非制度化的体制环境，在各个历史时期都表现得无处不在，根深蒂固。"所以，对土地兼并现象的抑制和容忍，都说明在中国传统社会中，由于缺乏健全的法律保障机制，私有制的发展是不充分、不独立、不健全的。

（三）工商业生产高度发达

关于古代工商业的发展状态，三个版本都比较具体，从手工业的分类到具体产品，从商业的发展表现到城市的状态，由此给学生描绘了一幅社会经济高度繁荣的表象。可是，工商业经济如此发达，为何没能推动中国进入近代社会呢？这仅仅是重农抑商和闭关锁国两大政策导致的吗？

经济学的常识告诉我们，古今市场都需要买卖双方的互动才能成立，市场流通的活跃与否取决于生产和消费两方必要的交换能力。中国古代社会不缺生产和消费，但是"中国封建社会中既存在商品生产，也有很多商品并非商品生产的产品"。以传统手工业为例，古代手工业的经营模式细分有三种类型，教材中称为官营、民营和家庭手工业。三者中，官营手工业占据着绝对主体的地位，因为从中央到地方，官营手工业覆盖了所有手工业生产的门类。由于产品只面向官府和皇室，又带有政治的强制色彩，所以官营手工业既把皇室官僚乃至政府工程所需产品排斥于市场之外，也剥夺了民间手工业者的劳动时间，对市场经济可谓具有双重破坏作用。此外，官营手工业还将民生日用的大宗产品实行专卖，如盐、铁，充当了为国家开辟财源的特殊角色。官营手工业生产的精美产品只为少数特权阶层独占，其追求的是不计成本的质量竞争而非价格竞争，所以根本不能造成市场经济效应，也不能刺激手工业经济的发展。许多重大工艺成果都属于个人即兴创造，没有理论性的总结，也无复制程序的重构观念，不具有推广价值。家庭手工业是农业经济的补充，民营手工业生存在官营和家庭手工业的隙缝之中，因此这样的生产繁荣仅仅是"历史的假象"。

手工业如此，再来看商业。教材中将宋代作为古代商业发展的分界线。宋代之前，商业发展受到严格限制；宋代之后，商业经济获得高度持续发展。至明清以后，商业发展更是出现了一些新的现象，如市镇经济的大量兴起和商帮的出现。然而，与手工业生产一样，商业繁荣的表象背后，也有许多值得我们思考的问题。

商业的发展离不开市场，传统中国的市场不可谓不发达，可是市场的性质却受制于消费的性质与社会效应。传统社会中小农经济自给自足的特性与农民和手工业者的贫困，使得他们的市场消费能力微乎其微，而一般的小地主也无力全部依赖市场消费，因此真正拉动市场的还是官僚富商豪奢性的消费。这类消费主要用于操办豪华的婚丧喜庆、储藏古玩珍宝、建造园林别墅，非一掷千金不足以显示豪奢之气。这种病态的畸形消费只能导致商品经济的虚假繁荣，无益于社会经济的健康发展。而在"缙绅家非奕叶科第，富贵难于长守"的封建社会，豪奢性消费持久的经济后盾必然是有权力支撑的法外收入。正因为如此，极端的富有者必定不断攫取政治权力，从而又巩固了集权政治的结构。当市场的发展建立在生产主体与消费主体严重背离的基础上时，市场必然是缺乏向纵深发展的动力的。

再看与商业发展紧密相连的城市。在高度集权的专制政治体制下，唐宋以后不断出现的所谓商业性大都会并不能与西方享有自由的城市相提并论，它始终处于国家强有力的政权控制之下，没有良好的人口流动，不存在所谓的"市民经济"。而于城镇经营的商人，若想暴富，则必走官商串联、权钱交易的门路。王家范先生说："帝国时代富商大贾的存在，表明传统时代的商品经济发展，在政治一体化的框架内，商品经济不能独立运作，不仅没能对旧的生产方式——政治体制起所谓解体作用，相反它却沦为政治权力的婢女，造成了权力与财富畸形联姻，刺激官僚特权阶层贪欲恶性发作，加剧政治腐败与社会震荡。"因此，传统工商业的繁荣完全是政治权力背后的历史假象，仅仅是一种畸形的没有发展前途的繁荣。

二、教学思考

对于教材留下的疑惑，历史教师应该深入研究，但在实际的教学中，教师却不能将这些深奥的理论直接灌输给学生，这会造成学生思维的混乱，反而不利于对历史的理解。因此，课堂教学中必须遵循由浅入深的原则，逐步提升学生思维的敏感度和透过现象看本质的认知能力。课程标准对本专题的要求主要体现在三个方面：第一，了解古代中国农业、手工业和商业取得的成果；第二，对农业、手工业和商业发展的特点形成认识；第三，了解古代的经济政策。从课程标准的要求来看，首先还是立足于基础史实的认知。

教材中对古代经济各行业的发展成果列举得比较翔实，但是由于知识点零碎，学生记忆起来非常困难，所以在教学中最好的整合方式就是表格归纳，并且最好是按照时间顺序进行归纳。笔者认为，在所有时期中，有四个时期最值得关注，分别是春秋战国、两汉、唐宋和明清，在表格制作时要突出典型成果，一目了然最好。

学生若能熟知每个时期的表格内容，不但可以形成对历史发展脉络的整体感知，在遇到试题时，也可以对知识点进行迅速定位，减少张冠李戴现象的发生。当然，仅仅是对经济成果进行记忆，还远不能达到课标的要求，这就需要教师在课堂中进行思维的拓展和深化。

我们不妨先来研究一下高考对本专题考查的频率。以2014年全国各地高考卷为例，古代经济中农业考查了4题、手工业考查了5题、商业考查了14题、经济政策考查了8题。显然，高考最喜欢考查古代商业，这不仅是因为商业现象牵涉面广、值得考查，更是因为商业发展与社会转型关系最密切。因此在教学中，教师还应多从商业入手进行训练。

当然，商业的内容很多，教学中要选取小切口进行层层推进，即所谓大处着眼、小处着手。

以明清商业发展与社会转型为例。教材中描述了许多商业高度发展的新现象，那为什么这些发展没能推动中国迈入近代社会呢？这是一个很难用几句话说清的复杂问题，为了能够使学生有清楚的认识，笔者在教学中选取了一个切入点——商帮，意在通过对商人这一群体的分析来论证传统社会转型的艰难。提供材料如下：

材料1：明代的两淮盐利最大，徽商在两淮盐业中取得优势后，便迅速扩充了财力。

——张海鹏、王廷元《徽商研究》

圣祖以边城险远，兵饷不克，而粮运劳费，乃命商人输粟边仓……（晋）商人喜得厚利，乐输边饷。

——（明）章懋《枫山语录》

针对以上材料，笔者设计了第一个问题：商帮依靠什么因素兴起？这是一个起点很低的问题，学生只要阅读材料就可以发现，徽商的兴起依靠盐业，晋商的兴起依靠军输，而盐在古代属于专卖物品，因此无论是徽商还是晋商，其最初兴起所依赖的力量都是政府。由此，学生可以获得一个认识，商帮之所以能富甲天下，走的是官商串联之路，并非依靠老实经营发家致富。有了这样的认识，笔者再提供第二段材料：

材料2：士籍商以赡家计，商籍士以振家声。

——《潭渡孝里黄氏族谱》

针对这段材料，笔者设计了第二个问题：商帮的财富靠什么维持？通过材料，学生可以抓住一个关键词——士。何为士？读书做官的人。原来商人光有财富是不行的，还要依靠做官才能"振家声"。那么，又是什么使得商人走向亦贾亦儒的回归传统之路呢？学生很自然会联想到重农抑商政策，正是这一政策长久实行带来的根深蒂固的社会观念，才使商人的社会地位低下，做官才是光耀门楣的唯一出路。至此，学生对传统商人的本质应该有了进一步的认识。在此基础上，笔者再补充一段材料：

材料3：他们（徽商）一方面耗费巨额利润来促使自己缙绅化，另一方面又将大量财富抛向非生产领域，诸如购置族田、建祠、修家谱，以及提倡程朱理学等，结果不是使徽州产生资本主义，而是成为一个顽固坚持传统宗法等级制的堡垒，这样的商品经济，实质上只能补充和强化自然经济。

——侯建新《社会转型时期的西欧和中国》

从这段材料中，徽商的资金去向一目了然，除科举消费外还包括官场消费、公益消费和购置田产，这样的消费形态折射出的是中国传统商人品格的严重扭曲，所以徽州不但产生不了资本主义，更成为顽固的封建堡垒。至此，对中国为何不能依靠商人来实现社会转型，学生恐怕已经有了一个比较深刻的认识。为了进一步强化学生的认识，笔者提出最后一个问题：

有学者认为，明清市场的表面繁荣与两朝政治腐败互为因果。因此，若想从传统中国富商大贾身上找到社会变革所需要的新的社会力量，乃至"资本主义的曙光"，无异于痴人说梦。请问该学者的核心论点是什么？你能为他提供哪些论据？

学生对提炼"富商大贾不是社会变革的力量"这一论点并不感到困难，但对如何论证这一论点却很难思考全面。教学中可以让学生进行课堂讨论，在学生进行充分讨论的基础上教师再给予材料提示：

材料4：帝国时代的商业资本，即使有相当规模的积累，到某一临界点便呈萎缩后退态势，更无进一步深入产业领域，转化为产业资本的可能。它并不建筑在社会购买力不断增长的市场经济正常发展的基础之上，只能攀缘于国家财政政策提供的非常空间，既要与政治权力同流合污，也要时时受到政治权力强烈的干预和百般勒索，机体脆弱，命运无常。

——王家范《中国历史通论》

将以上材料和讨论相结合之后，教师可以引导学生进行论据的总结：商人缙绅化，商业资本封建化；社会购买力低下，消费畸形；经商致富依靠权钱交易，权力支撑；商人承受政府苛税和多种勒索；等等。这些都是限制商业行为引发社会质变的因素。而究其根本，政权或专制的体制始终是束缚中国社会进步的最大障碍。由此，对于商帮这一新的历史"成果"不能促成社会转型的主题，学生的理解应该全面而深刻了。

历史教学究竟该研究些什么？以往我们关注较多的是课标和高考，除了这些还有什么？反复思索，恐怕就是历史材料在教学中应用的问题了。历史这门学科的特点注定了历史教学离不开史料，想要把史料选对、选精，就要我们深入研究教材，并在教材的基础上广泛阅读，做到处处源于教材，处处又高于教材。以本节所讨论的古代经济为例，教材留给我们太多思考的空间，如果这些问题教师都不研究，学生又怎能窥得其中奥妙？而教师研究之后，如何将结论告知学生？既要层层推进便于理解，又要准确有效拓展思维，这确实需要教师有坚实的专业功底和较高的历史素养，需要我们投入更多的热情和精力！

第二节　我国西方经济教学

西方经济学是经济和管理专业的核心课程。在现代社会，资源配置的手段主要有两种，即市场和政府。西方经济学主要是探究在现代经济制度下如何实现资源配置的帕累托最优。其中微观部分主要分析市场如何配置资源，宏观部分主要分析政府如何配置资源。随着我国社会主义市场经济体制改革的不断深入，政府资源配置的方式正在发生巨大的变化。自政府明确提出构建公共型政府(服务型政府)以来，政府的资源配置已经基本完成了从竞争性领域的撤出，资源越来越从生产领域转向公共领域，亦即党的文件中所提到的"有所为，有所不为"。政府资源分配重点日益从国计走向民生，越来越与我们的日常生活密切相连，如基本医疗保障、养老保险、住房补助、教育扶持等。而微观领域的资源配置主要由市场进行，理论和实践也印证了市场能够实现微观领域资源配置的最优。所以在教学中体现这种转型，让学生在掌握西方经济学基本理论的基础上领会我国经济体制转型的必要性，以及我国公共型政府构建的历程和内容，使学生做到理论联系实际，毕业后走向工作岗位能熟悉我国经济的基本状况。因此，在新时期，西方经济学课程显得尤为重要。

一、西方经济学教学现状分析

由于国内外在经济发展水平、教育体制和教育资源等方面存在着差异，因此在西方经济学的教学方式上有所不同。

(一)国外教学方式

国外多数大学在基础课教师配备方面建立了严格的轮换上课制度。例如美国一些大学十分重视通过网络资源来强化经济学的课程教育。学生可以通过网络来完成老师布置的作业，通过电子邮件回答任课教师提出的问题。教师可以通过互联网安排考试、答疑、批改作业等。教师在个人主页向学生公布自己所教课程的内容介绍、教学进度、参考书目以及学习要求，甚至把自己发表过的论文以及工作论文等材料公布到网上供学生参考。这些手段的运用培养了学生高度的独立和自主能力，加强了教师与学生之间的互动和沟通。

(二)国内传统教学方式

在我国，西方经济学作为一门介绍西方经济理论的学科，具有概念众多、原理抽象等特点，对学生来说晦涩难懂，并且传统课堂教学模式所沿用的是一种教师讲、学生听，靠教师向学生灌输的应试教学模式。这样的教学模式使这门课程成了空洞的理论，严重影响到学生沟通能力、创新能力的培养和提高。黑龙江省教育"十一五"教育科学规划课题"新时期高校学生培育工作创新研究"课题组调查发现，有50%左右的学生课后不温习和课前不预习功课，由此产生教学效果不佳的问题。另外，西方经济学还存在教学内容设置、课时配置比例不尽合理，以及重理论教学、轻实践教学，更轻探究型教学的问题，这对西方经济学知识的理解和今后的工作十分不利。为此，对西方经济学的教学进行创新，探索一条行之有效的教学方法，提高教学质量已显得十分必要。

（三）国内教学方式的改进

针对西方经济学理论教学的枯燥性以及传统教学方式的弊端，众多教学者纷纷提出多种改革方案或者建议，主要的观点集中在案例教学、研究性教学几个方面：

比较早的讨论主张将工商管理类课程案例教学中的成功经验移植到《西方经济学》的教学中。案例教育法由美国哈佛大学法学院的兰德尔教授1871年首创，至20世纪初，被美国所有法学院接受，随后被经管类课程教学所接受。由于这种方法有助于帮助学生掌握复杂抽象的理论、培养学生独立思考的能力、激发学生的学习兴趣，被国内众多西方经济学教师所青睐。

文良等人为了调动课堂气氛、提升学习效果，提倡采用辩论式教学法。其主要内容是针对一些不同的观点或者为了加深某些理论的认识，开展一些"竞争好还是垄断好""失业好还是通货膨胀好"等诸如此类的辩论赛。为了展开辩论，学生必须查阅大量的资料，在此基础上掌握相关的理论知识，因此能调动学生的学习热情，带动课堂气氛，巩固学习效果。

近年来一些学者提倡研究性教学。该方法主张在教学中将"教学"与"研究"结合起来，教师把研究的思想、方法和新进展介绍给学生，以研究的方式组织课堂活动，学生则在研究中学习和成长，形成独立思考的气质和批判精神。与这一提法强调以教师为主导不同，有学者主张要以学生为主体，教学过程中要突出学生的主体性和参与性。另有学者提出以教学团队的形式和教师的科研来推动实施效果会更佳，教学团队通过指导学生掌握研究经济问题的方法，引导学生学会观察问题并解决问题。

随着电子信息技术的发展，近年来一些学者建议采用较新的教学方式，主要分为四小类。首先是网络课程（慕课、微课）方式。通过网络课程或微型课程的方式，使学生达到可以随时随地、利用零散时间学习的目的。其次是多媒体教学法。有学者建议利用现代信息技术，优化整合案例资源。还有学者将"翻转课堂"的教学方式引入西方经济学的教学当中。"翻转课堂"教学方式源于2007年的美国。"翻转"意味着将课堂讲授、课后巩固和课下作业这一套传统的教学方式颠倒过来：学生先在课下看教师提供的教学视频进行学习，在课堂上就不清楚的问题向教师请教或与教师进行交流。此外，还有一些学者建议使用微信、微博和校园论坛等互动媒体对课堂教学进行补充。这些新型信息手段的利用，方便了师生，丰富了教学内容，拓展了西方经济学教学的地理空间，将有形教室和无形教师结合得天衣无缝。

二、将探索性教学引入西方经济学教学

在西方经济学的教学方法的改革中，学者要么集中在教学内容的深化或延伸上，如案例教学法是对经典案例的充实或者加入中国的具体案例，教研结合法是将教学和研究进行连接和延伸；要么集中在教学手段上，例如辩论教学法利用了辩论赛的特点，慕课和微课等利用了各种新型的电子信息手段；要么干脆将传统的教学方式颠倒过来，如"翻转课堂"法。这些对西方经济学课程教学方法的改革反映了学者们对改进传统教学方式的努力，在西方经济学教学改革进程中具有重要的意义。

但是，学者很少用到"探究式教学"方式。探究性教学的概念自美国生物学家施瓦布于1961年提出以来得到了教育界的充分肯定。这种方法突破了过去填鸭式的教学方式，把教师的"备课"变为"设计"，从课堂上的"独白"走向"对话"，从知识点走向问题域，是一种教学方式的重大变革。然而，我国目前"探究性教学"在师范类专业中使用比较多，而在普通高校的西方经济学教学中很少使用。

笔者认为"探究性教学"更适合西方经济学的课程教学。因为西方经济学主要讲授一些比较成熟的经济学理论，这些理论或者通过案例得到了深化和理解，但同时也有一些内容属于探究型的，目前还没有形成主流，也没有相应的理论支撑，对这一部分内容则需要做出探索式的研究。通过探索式教学，给予学生更大的想象空间，能更好地激发学生探索的积极性，培养学生的创新精神，它不仅使学生学会学习、推理、决策、解决问题的探究能力，而且深化西方经济学教学的效果。因此实施探究性教学方法，不仅可以培养学生的学习能力，而且有利于将这种教学的理念应用到实践活动中，这对贯彻素质教育具有十分重要的意义。至于如何在西方经济学课程中具体实施"探究性教学"法，还需要在目的、内容、步骤及实施的手段等方面做进一步深入的探讨。

第三节　经济法学教学的改善

一、经济法学的特征和教学目标问题

经济法学是新近兴起的一门学科，其理论依据、研究对象、研究方法尚待完善。笔者调查了一些上过经济法学的本科生对教学的感受。其诸多感受中，"经济法学混乱"是主要的感受。这是为什么呢？原因有三：其一，经济法学的体系本身之问题；其二，

教学之问题；其三，学生之问题。经济法学涵盖范围甚广，但目前的经济法学教材的编写体例远不如其他法学学科（如民法）统一，各种叙述杂乱无章；有些编写者态度不认真，拿教材当论文写，缺乏通说。这是学科本身不成熟的表现。

二、教师之素质问题——你会经济学吗

法学不是一门自足的体系，经济法学亦不例外。单纯以法学的逻辑去研究法学的问题，终究一无所获。法学需要其他学科的广泛参与。学者不厌其烦地引用霍姆斯法官的那一句"法律的生命不在于逻辑，而在于经验"来说明法学必须面向实践、面向社会存在。经济法学研究的对象是国家的宏观调控和市场规制。这些问题与经济学密不可分。经济法学最需要的学科就是经济学。可以说，经济法这个部门法的建设，也从未离开过经济学的支持。从凯恩斯的政府干预理论到庇古的福利经济学再到制度主义经济学，无不在论证国家加强对市场的干预之必要性和如何平衡政府干预和市场调节的基本问题。对于这些问题，经济法学学者在研究上没有熟视无睹，经济法学教师在教学上却熟视无睹，这是不应该的。

对经济学一无所知，要想把经济法学的基本概念和基本理念讲清楚，无异于痴人说梦。因为不懂经济学，就不懂市场，不懂市场，谈何理解市场的规制和国家调控？但我们的很多教师在讲到这一点时，是照着书读的。他并不懂市场为何失灵，恐怕也未深入思考过，那么如何责怪教师不跟学生分析市场的失灵？须知市场的失灵问题乃是政府干预经济和国家宏观调控的根本原因，而后者就是经济法律制度建设存在的理由。这是一个根本的问题，对根本问题是不可妥协的。牺牲一些时间给学生分析这个问题，在笔者看来是有必要的！

三、学生之激励问题——你喜欢经济法学吗

这第一要务，在于我们的教师。优秀的教师就是对学生学习最大的激励。我们的教师必须加强自身的修炼，苦练授课艺术，提高教学的可接受性。教师如果能在语言上表达流利、资料上掌握丰富、学识上渊博通达，必使课堂其乐融融。没有教师这一方面的努力，想要使学生对经济法学感兴趣，十分困难。可是，如前所述，我们的很多经济法学教师对经济学丝毫不懂，对经济学与经济法学交叉领域的研究不予注意，实在是一种憾事。

引导学生接触经济法学的前沿。虽然本科的教学要求是掌握一些基本知识和基本技能。但有些教师对此产生了误解，以为这是他教学敷衍了事的理由。大学教师的一个重

要作用是引导学生找到他们的兴趣点。可是如何发掘他们、引导他们呢？教师应在自己精深的专业知识的基础上，适当将经济法学的一些前沿问题介绍给同学们。教师的些许提示往往就会激发学生对未知问题探讨的极大兴趣。笔者建议教师应当引导学生学习一些基本的经济学知识（当然，不应占用过多的时间），引导他们从经济学和法学的观点来看待经济法律制度的改革和完善。

联系实际开展一些经济法学案例教学课程。案例课程不拘一格，往往生动形象，寓教于乐，对学习经济法学这门"混乱"和枯燥的课程会有很大的帮助。比如反垄断法，国外的案例很多，且大多都很著名，有助于我们的学生学以致用，切身感受经济法这个新事物的重要作用。

四、教学细节和考核问题——怎样学好经济法学

经济法学的考试需要改革。我们可以说，对于文科考试，目前许多大学的考核实在是随意性太大了。教师随意，学生因此也就随意。有些学生在学期结束后看到自己的经济法学成绩十分诧异，因为他认为自己答得非常好。学生期待的成绩不能和他的努力程度成正比，这是一个重要的问题。为此，笔者建议规范教师出题，严格设计参考答案，并实行考试答案公开制度。所谓考试答案公开制度，就是在考试结束后，公开参考答案，这样学生能够对自己成绩的真实性有个准确的把握。如此公开的制度，也促使教师认真对待阅卷。这也是对教师认真教学的一个监督。

除了传统的试题外，教师应当引导学生多写论文，这很有必要。经过老师对经济法学的基本概念和基本理念的深入讲解，以及对经济法学前沿的介绍，加之引导学生学习经济学基础后，学生就自己感兴趣的内容结合自己的理论知识，经过独立思考完成科研论文，一方面会加深对自己所学知识的巩固和掌握，另一方面也会培养他们理论联系实际、学会运用所学知识发现问题、分析问题、解决问题的能力。当然，对论文的评阅，也应当尽量公开，还要就学生的论文展开讨论，评出优秀论文，以启发和培养学生进行科学研究和创新的兴趣和能力。

第四节　产业经济学教学

产业经济学在经济学领域是尤为重要的一门学科，它以产业为研究对象，而产业是生产经营具有密切替代关系的产品或劳务的经济主体所组成的集合。任何一门课几乎都

有理论基础，产业经济学也不例外，产业组织理论便是它的理论基础及核心内容，其主要是研究特定产业的竞争和垄断问题。有学者认为产业组织理论是不完全竞争理论的分支。20世纪30年代，在产业经济学研究领域，梅森在哈佛大学第一次开设了产业组织课程，后来他的学生贝恩在这一领域成了权威。到40年代以张伯伦为代表的美国哈佛大学经济学家把这项研究进行了系统化归纳，他们被认为是哈佛学派，主要贡献是创立了更加完整的产业组织理论体系，即以市场结构、市场行为和市场绩效为主要框架范式（SCP）的理论体系。这一领域的代表著作是贝恩在1959年出版的《产业组织》一书，它被认为标志着产业组织理论的正式形成。产业组织在企业经营中的地位非常重要，直接决定着完全竞争或非完全竞争在市场中的经济行为。因此，研究产业组织理论对厂商策略的理解起着非常重要的作用。产业组织理论的重要观点是厂商在市场中进行的决策存在着相互依赖性，即某一厂商进入市场时同一产业的厂商首先考虑如何应对即将到来的竞争。如在通信行业中中移铁通进入市场时，电信、移动和联通立即采取策略降低通话费，并在客户服务上进行调整等。总之，产业组织理论在市场发展中起着十分重要的作用。

一、传统产业组织理论

到18世纪末期，不少美国人对亚当·斯密所预想的垄断有了认识，美国的很多厂商包括标准石油公司和美国烟草公司已经获得了自己的市场势力，并达成了共识——需要以法律手段来保证竞争，而且美国学者和企业家普遍认为这一观点是正确的，最终随着民众的强烈要求出台了反托拉斯法——《谢尔曼法》，该法于1890年颁布。到了20世纪三四十年代，梅森、贝恩等哈佛大学学者第一次归纳产业组织理论，被称为哈佛学派。他们在《谢尔曼法》的基础上提出SCP范式框架，认为市场结构决定市场行为和市场绩效，市场结构是指规定构成市场的卖者（企业）相互之间、买者相互之间及买卖双方之间等诸关系的因素及其特征，主要包括完全竞争市场、完全垄断市场、垄断竞争市场和寡头垄断市场。完全竞争市场和完全垄断市场是市场的两个极端，完全竞争市场主要由诸多厂商组成，他们在市场中的地位相当自由，一个厂商或生产者的行为不会影响其他厂商或生产者的行为，也不能限制其他厂商在市场上的任何行为。完全垄断市场是指整个行业中只有唯一一个厂商的市场组织，其特点是市场中只有唯一一个厂商，也没有替代产品，换句话说，整个市场某一类产品的生产只由一家企业或厂商提供。寡头垄断市场和垄断竞争市场是处于完全竞争市场及完全垄断市场中间的市场结构，在市场上同一行业范围内有两个或两个以上的厂商存在。

二、新产业组织理论

20世纪70年代,哈佛学派观点发生了变化,其时学术界发现了SCP范式的重大缺点——有关学者认为这一范式的中间环节市场行为被忽视。当时贝恩认识到除了要弄清楚同一行业在位厂商的市场特征外,还需要弄清楚新厂商进入市场的能力。如果有新厂商准备且有能力进入市场,进而展开竞争,导致部分由定价高于竞争性价格所带来的利润消失,那样即使是高集中度的行业也会被迫进行价格竞争。其实贝恩的观点是一把"双刃剑"。人们对SCP范式的批判,引起了一场芝加哥大学经济学家发起的反对运动,包括理查德·艾伦·波斯纳、萨姆·佩尔兹曼等。因此,新产业组织理论产生分成两个阶段:第一阶段主要是哈佛学派和以市场行为为研究对象的芝加哥学派研究者一起提出观点,他们都基于原来的SCP范式范围提出观点;第二阶段是从20世纪70年代开始,通过采用信息经济学和博弈论来提出新产业组织理论,其研究的核心对象是策略性行为,企业不是被动地对外部环境做出反应,而是试图以策略性行为来改变市场环境,影响竞争对手的预期,即排挤新企业进入市场。新产业组织理论明确了策略性行为在产业组织中的核心地位,策略性行为是指一个企业通过影响竞争对手对该企业行动的预期,使竞争对手在预期的基础上做出对该企业有利的决策行为。简化的策略性行为是指一家企业为了提高利润所采取的旨在影响市场环境的行为的总称,其中市场环境主要涉及顾客、对手的信念及现存和潜在的对手数量等。策略性行为主要分合作策略性行为和非合作策略性行为,企业通过与其他企业合作或非合作的方式来占领市场,典型的有触发策略、转售价格维持、价格领导、掠夺性定价和连锁店悖论等。

三、产业经济学教学模式改革的建议

产业经济学是经济学专业中尤为重要的一门课程,其不仅涉及社会经济的各个领域,而且对学生在经济学有关内容的把握和渗透上起重要作用,尤其是毕业论文的设计。但是要学好这门课程必须掌握产业经济学理论基础,因此任课教师需把产业经济学理论基础向学生教导渗透,为此笔者提出几点建议。

第一,将产业经济学的两条核心理论基础进行比较。上文提出,传统产业组织理论和新产业组织理论是产业经济学中的重要理论基础,它们关系到企业在市场中的结构、行为和绩效等所有活动,无论是市场结构还是市场行为决定市场绩效,都是现代企业经济发展中实际存在的现象。企业的最终目的就是利润最大化,企业为了这个目标需要不断采取行动或更改决策,直到利润达到最大。任课教师在讲解中要对这些行为进行探索,并分开进行分析。

第二,切合实际通过案例进行深入讲解。在现实社会经济发展中,产业结构包括完全竞争、完全垄断等,并显而易见地表现出来,通过与其他企业合作来加强竞争能力。因此,任课教师要结合实际通过案例进行深入解释。

第三,以实践实习活动为基础,开创学生在企业实习的途径。产业经济学课程的实践性比较强,其核心观点来自经济主体在实践中的活动,因此任课教师在教这门课之后要给学生安排实习,这有利于学生将理论与实际相结合进行理解,提高学生对课程内容的掌握程度,也有利于毕业论文从选题到撰写的整个过程顺利进行。

传统产业组织理论和新产业组织理论是产业经济学十分重要的理论基础,产业经济学主要在这些理论基础上展开研究,至今,新产业组织理论的研究已经达到了成熟阶段。当今,在信息化和复杂多变的世界局势的条件下,各种企业为了在市场上站稳脚跟不得不采取策略性行为来应对竞争对手的各种手段,这需要企业家采取针对性的策略。

第五节 宏观经济学教学

中国进入新时代,一切理论研究及创新需要跟上新时代的步伐,经济学理论研究及课程教学也不例外。目前各高校包括"宏观经济学"课程在内的教学与新时代高等教育人才培养的新要求相比存在较大差距,因而必须以习近平新时代中国特色社会主义经济思想为指导进行改革创新。一方面,在"宏观经济学"课程教学中强调新发展理念,同时融入中国改革开放40多年来的成功实践案例,不仅有助于重构西方微观经济学理论,为宏观经济学课程教学改革提供微观基础,而且对加快创建新时代中国特色的宏观经济学具有重要的理论意义;另一方面,强调以人民为中心的发展理念,不仅有助于正确解释中国改革开放以来取得的巨大经济发展成就,更好地理解并阐释经济发展中出现的新问题、新现象,而且可以为克服经济发展中的周期性波动,真正实现市场机制有效、微观主体有活力、宏观调控有度等提供参考,从而具有重要的现实意义。

自亚当·斯密建立经济学体系以来,随着经济形势的发展变化,经济理论及学说层出不穷,经济学体系也在不断完善和发展。伴随着这一发展变化,作为经济学一个分支学科的宏观经济理论及其课程教学改革也一直是国内外理论界讨论的话题。20世纪80年代以来,高等教育新理论层出不穷,各国社会经济形势也在不断发展变化,重视高等教育质量、注重学科研究性教学等高等教育改革的呼声日益高涨。如美国高质量高等教育研究小组认为,高校的根本任务是提高教育质量,应采取多种措施进行教学手段的变革与创新，在课堂教学中开展丰富多彩、形式多样的课堂讨论；进行研究性教学改革探索，鼓励并吸引学生积极参加教师的科研项目及多种形式的实习和创新性实践活动；等等。一些学者认为，由于经济学兼具人文社会科学及自然科学的双重性，发展过程中时常要在"科学主义与人文主义"之间做出选择，因而增加了经济学的学习难度，而且诸多因素都会对经济学的学习效果产生影响。一些学者认为，学生性别、学生的学习动机、学习态度及习惯、与教师交流及学习环境、学生家庭经济条件、教师的教学风格、课堂班级规模等诸多因素都会对学生的学习成绩产生影响。齐格特（Ziegert）基于心理学理论分析了具有不同人格特质的学生和教师在经济学课程学习中接收和处理不同信息的作用。另有一些学者探讨了经济学不同教学方法的作用，认为研究性教学、启发式教学、研讨式教学、体验式教学、案例教学、模拟仿真实验、实践教学及创新创业课程教学等，都有助于提高学生学习的积极性，鼓励学生深入学习，提高经济学学习效果。尤其是当社会服务对经济有益时，可以通过服务学习将课堂与社区或企业等联系起来，使学生能够将课堂经济学学习与社区、企业的服务活动相结合。通过这些方法，可以使更多的学生更容易接触到经济学，同时加强大学与社区、企业之间的联系，因此有必要将服务学习融入经济学课堂教学。目前，创新创业课程在全球高等教育机构（HEIs）越来越受欢迎，如何利用体验式学习方法向学生有效地提供企业与创业教育普遍受到关注。以技术为基础的模拟方案及案例研究方法逐渐成为体验式教学的重要工具。

21世纪初期兴起的"经济学改革国际运动"对西方主流经济学提出了挑战，同时也对经济学课程教学改革产生了直接而重要的影响。一些学者认为，经济学研究及教学应该以问题为导向，尤其是以当前重大现实经济问题为导向，建立"多元主义的、开放性的、竞争性的经济学"。我国一些高等院校的学生也呼吁对经济学课程体系进行改革，要求经济学核心课程体系应该更加注重理论、方法及学科交叉的多元化。当前，国内一些学者对创新发展新时代中国特色社会主义经济学进行了有益探索并取得了一些重要成果。例如，提出供给侧结构性改革方案及高质量发展战略等促进了中国特色宏观经济学框架的形成。一些学者讨论了中国特色宏观经济学的发展趋势，认为中国特色宏观经济学更注重将经济学理论与中国经济改革实际，尤其是宏观经济发展现实相结合，更加强调政治经济学在其中所起的作用；更加重视中国与世界其他各国的开放共赢，即经济的互动和政策溢出；更加重视对金融风险及金融规律的研究，其认识将会提升到一个全新的高度。因而中国特色宏观经济学理论体系为"宏观经济学"课程改革提供了新路径和启示。因此，本节基于对新时代"宏观经济学"课程改革创新必要性和紧迫性的认识，对新时代"宏观经济学"课程改革创新的内容进行探讨，以期为"宏观经济学"课程改革创新提供参考。

一、新时代"宏观经济学"课程改革创新势在必行

当前,经济学学术研究及教学基本参照西方经济学学科体系及教学模式,立足中国现实的理论研究及教学经典案例并不多见。因此,"宏观经济学"课程教学改革,必须立足于中国经济改革与发展实际,以习近平新时代中国特色社会主义经济思想为指导进行理论思考和改革创新。

宏观经济学理论流派甚多且复杂、表述方法多样且偏数量化、各种新理论不断出现且处于不断发展变化之中。宏观经济学的这些特点增加了教学难度。其主要困难在于:教学内容跨度大,宏观经济学充斥着各种学派的观点;教材内容多,从国民收入的决定到国民收入的变动、从总供给到总需求、从封闭经济到开放经济、从政府需求管理政策到供给管理政策及收入政策,都有所涉及;分析方法多样,从静态分析到动态分析、从局部均衡分析到一般均衡分析、从长期分析到短期分析;数学方法要求高,一些原理的阐释和理论推导需要使用一定深度和难度的高等数学知识;加之学生对宏观经济现实关注不够,没有现实的感受等。这些都增加了学生学习"宏观经济学"的心理负担,从而影响了学习效果。现行的"宏观经济学"与"微观经济学"课程仍然以西方主流经济学即新古典经济学为主体,讲授的主要是新古典经济学那一套标准化的、放之四海而皆准的理论体系,但其假设条件越来越脱离现实,理论也越来越抽象,一些原理仅描述了简单的财富现象与利益关系,没有揭示其深刻的社会关系,因而也被称为"黑板经济学"。其本质是肤浅的、庸俗的。我国一些学者往往照搬或者"套用"西方主流经济学的基本概念或理论,对中国经济发展中存在的一些现象进行局部或静态分析,以致得出了一些错误的结论,产生了一些负面影响。因此,中国经济学理论研究及课程教学改革必须立足于我国特有的国情、经济体制机制改革实践,以马克思主义经济学及习近平新时代中国特色社会主义经济思想为指导进行改革创新。

二、新时代"宏观经济学"课程改革创新的主要内容

以马克思主义政治经济学及习近平新时代中国特色社会主义经济思想为指导的"宏观经济学"课程改革创新主要应从三个方面展开。

(一)以人才培养目标为导向,根据社会发展需要实时更新"宏观经济学"课程教学内容

《国家教育事业发展"十三五"规划》明确提出高等教育的首要目标是立德树人,

培养符合时代和国家社会要求的创新型、复合型、应用型卓越人才。因此,"宏观经济学"课程改革应以人才培养目标为导向,立足中国经济改革与发展实际,加强对企事业单位、金融机构人才需求及其变化的分析;同时,应根据不同类型大学的培养目标与定位、办学层次与特色等,"坚持扶优扶需扶特扶新",科学确定"宏观经济学"课程教学的内容体系。

一是在教学过程中,注重及时改进课堂教学内容,通过了解学科发展的最新动态及前沿研究领域,将当下和课程有关的一些前沿热点问题、现代生活实际紧密结合;将教师自身的科研成果适时介绍给学生,以最快速度、最大容量反映宏观经济学最新理论观点与政策制度变化,使学生感受时代的进步,产生对知识的渴求和亲近感。二是根据时代变化及新时代要求及时更新教材内容,将最新研究成果及本土案例和经典案例编入教材,引进课堂教学,加强对学生学习方法的指导。三是多渠道搜集和精心制作本土化案例,打造具有中国经济改革实践特色的经典案例,同时及时更新和补充现有案例库,使之与课堂教学内容有效匹配。四是加强创新创业教育和实践教学,通过各类学科竞赛培养大学生的专业学术素养和科研能力,同时通过"三下乡"等社会实践活动加强对学生实践应用能力的培训。

(二)加快"宏观经济学"课程教学方法改革,重视培养学生综合素质能力

新时代高等教育的根本任务是立德树人,培养创新型、复合型、应用型的高素质人才,应推动"课堂革命"、加强教学过程管理。因此,"宏观经济学"课程改革创新应以学生综合素质能力培养为重心,加快课程教学方法改革。一是对传统课堂教学模式进行改革。课堂教学中改变以教师为主及"满堂灌"的传统做法,突出以学生为中心,强调学生学习的主体性。目前,各高校正在进行的各类"课堂革命"值得借鉴,如"翻转课堂"等。同时,突出师生在教学中的交互性,结合专业课程的性质与特点,将网络技术、信息技术与课程建设紧密结合。如为增强学生对GDP等概念的理解及了解中国经济的运行情况,可以组织学生查找中国历年的GDP数据进行纵向比较分析,还可以与其他国家进行比较分析,等等;积极倡导和推广研讨会、读书会、"课程讨论式""案例启发式""期末学术论坛"等教学方法。二是突出经济学专业课程的应用性,培养学生运用经济理论分析现实问题的能力。"宏观经济学"课程内容繁多,涵盖多个部门、多个模型及封闭和开放经济,涉及大量图形、表格及模型推导等,因此在课堂教学中,不仅要强调理论的严谨性和规范性,还应注重将理论与中国的宏观经济现实相结合,将一些复杂模型和理论尽可能简单化、具体化,培养学生的经济学思维方式,提高学生对现实经济问题的观察力和理解力。三是鼓励教师在"宏观经济学"课堂教学中融入创新实践经

验，培养学生解决现实经济问题的能力。如有针对性地开展社会专题调研与社会服务及田野调查；举办学术会议、学术论坛、学术讲座，指导学生参加课外学术科技竞赛及大众媒体交流等，推介学科成果，实现科研反哺教学。四是在"宏观经济学"课堂教学中结合教学内容适当引入著名经济学家的生平及思想介绍，引导和鼓励学生了解经典、通过与经济学大师的跨时空交流养成高尚品德；通过教书、育人二者的有机结合，鼓励学生了解并肩负自身责任，成为一个对社会有用之人。

（三）加快"宏观经济学"课程教学手段的开发与应用

云时代，各类互联网新技术、新手段为传统课堂教学带来了巨大的挑战及改革的动力和机遇。因此，"宏观经济学"课程改革创新应及时引进互联网技术，加快教学手段的开发与应用。一是充分利用现代教育技术、信息技术、网络技术并使之与专业教育教学有机融合，开发和丰富专业课程网络教学资源，使用多媒体教学；规范使用PPT媒体课件、网络课件、电子教案，课程资料概括简明，重在提纲挈领。二是充分利用现有各类科研平台、教学平台和资源库，实现各类教学资源与科研成果的共享，为开展大学生创新创业教育及提升科研创新实践能力提供服务。三是利用好各类现代化教学设施进行课后辅导，实现教学案例、英文原版教材、年鉴数据等教学与研究资源的共享与利用；通过微信群、朋友圈、QQ群、QQ空间、公共邮箱等与学生交流互动，及时收集和解答学生学习过程中存在的疑问，记录研讨会、读书会的研讨环节，实现网络空间的课程讨论与学习交流。四是制作优质课堂视频，开发在线课程，进行在线教育等。

三、"宏观经济学"课程改革创新的路径选择

新时代"宏观经济学"课程改革创新是一个系统工程，需要采取多种措施、各方共同配合。

第一，利用教师个人优势，建立教学项目研究团队。组织高水平的教师根据现有教学内容进行研究，改革教学方法并在教学过程中加以应用，构建宏观经济学研究式教学平台，结合课程安排，面向学生专业知识基础与学习能力，讨论"宏观经济学"课程综合改革与建设。坚持"学生中心、全面发展"的基本原则，构建"学生为主体，教师为主导，思维为核心"的"学习共同体"；引导学生积极主动地"学"，即"研究性地学""开放式地学""创新性地学"；激励教师积极主动地"教"，且要"教得好"，建立优质教学项目团队，进行课堂革命，努力提高教学质量，增强课堂吸引力。

第二，了解学生的学习困难及兴趣。通过发放关于"宏观经济学"课程学习的调查问卷表，了解学生对此课程的认识、兴趣和期待，以及对此课程存在的困惑与学习困难

等，在课堂教学中进行研究式教学的实践检验，以"问题导向"引入知识背景分析，让学生学以致用，增强对知识及知识体系的构建。

第三，立足于宏观经济实际，精选问题开展课堂讨论。宏观经济学的应用性决定了其研究的问题与现实紧密相连，且对现实世界的解释和应用能力比较强。因此，在"宏观经济学"课堂教学中结合当期宏观经济发展中面临的新情况、新问题开展研讨式教学和典型案例教学，有助于学生带着问题学习，将所学理论与现实经济问题相结合并进行思考，有利于培养学生逻辑思辨及分析和解决问题的能力。

第四，改革教学评价体系，对教师教学效果及学生成绩进行综合评定。一方面，减少传统教学评价中以课本知识作为评价标准的比重，增加学生创新性思考与探索的比重，按照学生在研究式学习中的工作量、互动表现及课后所取得的成果等多方面进行全面考核和成绩评定；另一方面，构建教师教学效果的综合评价指标体系，即在学生期中、期末考核的基础上，增加学生创新创业竞赛结果评价指标，全面综合评定教师开展研究式教学的效果。

总之，通过以上几个方面的改革创新与不断完善，使该课程组拥有优秀的教师队伍、丰富的教学内容、创新的教学方法、优质的课程教材和健全的教学管理制度，最终实现专业课程体系完善、教学方式方法多元组合、实践教学成果丰富，以及学生实践能力与创新意识、师资队伍教学能力显著增强的课程建设目标。

第八章 经济学专业理论与实践教学模式研究

第一节 微观经济学生态教学模式

作为高校经管类专业的一门核心课程,"微观经济学"兼具理论性和应用性的特点,对教学工作提出了较高的要求,不但要让学生掌握扎实的理论知识和方法,还要使其具备灵活运用理论知识对现实经济问题加以分析和解决的能力。然而,目前"微观经济学"的教学内容和教学方法难以达到这一目标,这就要求从新的角度探索有效的教学模式,以科学的方法解决教学中存在的问题。据此,本节从教育生态学的视角观察和解释"微观经济学"教学中的失衡现象,并提出开展生态化教学的一些建议,以期为实现"微观经济学"的教学目标提供借鉴和参考。

一、教育生态学概述

教育生态学是生态学研究方法应用在教育学中的成果,它将教育视为一个有机而复杂的生态系统,致力于探索和完善该系统中各组成因子(如教师、学生、教育机构等)之间的作用机制,由美国学者克雷明在20世纪70年代首次提出。教育生态学体现了系统观、动态观、平衡观相统一的理念,其目标是运用生态智慧来建立和谐有序的教学模式。

随着研究的深入,教育生态学逐步进入微观研究的阶段,并在课堂生态建设方面取得了丰硕的成果。在生态学视角下,"微观经济学"教学系统中的各因子历经长期的发展磨合,已达到兼容稳定的状态。

二、微观经济学教学失衡现象的生态解读

一个平衡的生态系统内部的各因子均应处于合理的位置,系统内外部能量与信息应交流顺畅,系统内结构应处于稳定状态,面对外部冲击应具有一定的自我调节功能。然而当外部冲击和干扰的强度超过系统自我修复和调节的能力时,系统原有的均衡状态就会被打破且难以恢复,这就是所谓的生态失衡。按照教育生态学的观点,目前"微观经

济学"教学效果欠佳是教学失衡的体现，而失衡则是由生态系统中自组织能力欠缺、生态链脱节及最适度原则被破坏等因素造成的。

（一）自组织能力不足

生态系统的各组成部分在面对外部环境改变时具有识别、分析和调节的能力，这种能力即为自组织能力。学生群体作为教学系统中最重要的子系统，其适应性、创造性和协同性均应来自"自组织"，而非"他组织"。自组织能力能够帮助学生主动识别与利用有价值的信息，构建自己的知识体系。因此，生态化教学十分重视培养学生的自组织能力，反对过多的外部"权威"和"指令"。然而源自系统内部的惯性和惰性使得目前"微观经济学"教学呈现教师讲、学生听的"满堂灌"模式，学生依然处于"要我学"而不是"我要学"的状态，其积极性、主动性和创造性无法被调动，独立自主建构知识体系的愿望低下，自组织能力匮乏。

（二）最适度原则被破坏

在当下的"微观经济学"教学中，多媒体由于具有图文并茂、信息量大、节约时间等优点而受到教师的青睐，并被大量使用，很大程度上取代了板书等传统教学方式。按照教育生态学的观点，此时最适度原则已经受到了破坏。在生态学中，任何生物的发展都是多种因子共同作用的结果，因子间最科学的组合推动着生物的健康成长。任何一种因子数量过多或过少，都无法使生物达到最佳状态。多媒体固然有多种优点，但其无法清晰完整地展现数学模型的推理步骤和几何图形的推演过程，大大缩短了学生的思考时间，导致其产生疲倦和反感心理。由此可以看出，多媒体的过多运用挤占了其他教学方式的空间，超过了最适度水平，成了教学效果的限制因子。

（三）开放性特征缺失

根据生态学理论，开放性是生态系统的重要特征，从外界不断输入的物质和能量为系统带来了维系其平衡稳定发展所需的营养。如果一个系统趋向于封闭，其中生态因子的生命活力就会大大降低，适应阈值也会不断减弱。就教学内容这一重要因子而言，"微观经济学"教学系统的开放性不足。目前"微观经济学"的主要内容基本源自西方经济学的早期版本，未能实现与国外最近理论同步，数据与方法偏老旧，且缺少对中国自身经济问题与现象的研究分析。这使学生缺乏运用经济学理论解决中国现实问题的能力，无法达到预期的教学效果。

（四）教学生态效果评价体系不健全

受传统评价方式的影响，现有"微观经济学"的教学评价还是以终结性评价为主，即在期末采用一张试卷来评定学生的学习效果。根据教育生态学理论，学生个体间的多样性和丰富性是客观存在的，也是应得到尊重和发展的。目前的评价方法过于重视一次考试的结果，忽略了对学生学习习惯和学习过程的测评。个体的认知差异和个性品质在分数相同的情况下无法得到体现，既降低了学生学习的主动性和成就感，也无法实现教学生态系统中知识流和信息流的循环交互。

三、微观经济学生态教学模式的构建

针对"微观经济学"教学生态失衡的问题，本节基于协同、平衡与联系的生态学原理，探索生态学与"微观经济学"间的契合点，从师生角色、教学方式、教学内容和教学评价等方面提出优化教学生态的对策。

（一）重塑教学双方角色，提升学生的自组织能力

学生的自组织能力与师生在教学中所扮演的角色密切相关。当教师从"讲授者"变为"规划者"和"引领者"，学生从知识的"接受者"变为"发现者"和"建构者"时，课堂的主动权会由教师过渡给学生，随之而来的是学生自主调节能力的提升。结合"微观经济学"的教学目标和学科特点，可以在合适的章节，如均衡价格的形成机制和垄断力量的市场影响部分引入经济学实验。精心设计的实验通过对现实经济现象的还原和主体行为的模拟，为学生亲自检验经济学的假设与结论创造了条件。这不仅有助于增强学生对经济问题的体验和感受，还提高了其动手能力和判断能力，加深了其对抽象理论的理解，更为重要的是能够在实验过程中使学生由被动接受变为主动参与，使其初步感受到经济学的魅力。教师除了介绍实验规则和总结发言，并不直接参与实验活动，只是给予必要的指导和督促，这对学生独立精神和竞争意识的形成大有裨益。

（二）合理运用多媒体教学，控制限制因子

要实现"微观经济学"教学生态的优化，就必须衡量教学整体对任何一种教学因子的耐受范围，发现并消除限制因子的作用。要消除因多媒体教学不当使用所带来的负面影响；首先应将多媒体教学与板书、案例及小组讨论等其他教学手段相结合，充分发挥每种教学方法的优势，摆脱教学方法单一的弊端，营造活跃的课堂氛围；其次要精心制作 PPT，用简明的文字勾勒出"微观经济学"理论的内在逻辑，突出教学重点和难点，并利用图表形象性和直观性的特点对经济现象和问题进行分析；最后应合理地控制多媒体教学的节奏，在放映幻灯片时做到有张有弛，使学生有时间消化吸收其中的内容。

（三）引入慕课和微课，强化"活水"效应

为满足时代发展对大学生经济学综合素养的要求，"微观经济学"教学生态就必须与其环境实现能量和物质的交换。以微视频为载体的高水平慕课和微课将大量优质的教学资源输送给学生，对实现课堂教学与外部世界的多元互动大有裨益。教师作为教学生态中的主要因子，将名校名师开设的经济学慕课介绍给学生。通过学习，学生不仅可以了解和掌握最新的经济学理论与方法，弥补教材中知识陈旧的缺陷，还可以获得与授课名师互动的机会。当遇到问题时，学生可以在论坛中提问，并通过与其他学生的交流实现观点的碰撞。慕课和微课就像富含营养的活水，其带来的新观点、新方法和新思路调动了学生学习和教师教学的主动性和积极性，实现了教学生态因子的共生与协同发展。

（四）加强过程评价，优化评价体系

生态化的"微观经济学"评价体系应尊重学生的个体多样性，并将形成性评价和终结性评价相结合。形成性评价侧重于对学生学习过程的动态监督和评估，综合体现学生在课堂出勤、回答问题、平时作业和网络课程学习等环节的表现。学生以自评和互评等方式参与其中，能够更为全面和准确地衡量学生的学习质量。终结性评价以学生在期末考试中的表现为依据进行定量评价。形成性评价与终结性评价相结合形成的综合评价体现了生态教学强调整体性和全面性的理念，不拘泥于单次考试的表现，更注重对学生整个学习过程的考核，因此评价的信度和效度更高，同时还可以有效地激发学生的学习兴趣和主动性，获得更好的教学效果。

教育生态学的理念为分析和解决"微观经济学"教学中的矛盾和失衡提供了很好的方法，其强调整体性、兼容性和开放性的原则，优化了教学环境，使学生和教师等生态因子处于理想的生态位并达到了兼容状态，提升了教与学的效率，重新实现了"微观经济学"教学生态的平衡。

第二节 经济学专业教学模式

一、经济学"网络授课"教学的积极效果

（一）在一定程度上实现了分层教学

由于网络授课肉眼无法直接观看学生的学习情况，出现了个别学生不参与课程的现象，即使网络平台学情统计可以监测，但学生仍存在"逃课"心理。本专业在授课过程

中邀请了班主任共同管理课堂，提高了学生的参与度，但从访谈中发现，合堂授课，任课老师管理课堂的难度加大。对于教师而言，基于分层教学的实际需求，网络授课使得任课教师的备课压力变大，既需要满足分层教学的需求，也要兼顾不同地区学生的学习效率，还需要花费一定的精力管理学生，帮助解决学生面临的各类问题，如网络问题、手机问题、流量问题等。这些问题都是"网络授课"无法顾及的。调查中发现19%的学生抗拒网络授课的形式，主要是流量有限，地处偏远的学生信号不好、上课时间与作息时间冲突、直播答疑时有回音干扰等。

（二）满足了多样化学习的特点

充分发挥现代信息技术的优势，本专业教师采用"视频+直播答疑"的模式进行授课，新知识点老师不在课堂上讲，课上主要进行总结、讨论、答疑，克服空间障碍，这种教学模式的优势是没有降低老师的课堂作用，而是对教师教学设计能力有了更高质量的要求。线上教学主要是提前录制好教学视频，任课老师把讲的内容、知识点制作成精炼短小的微视频让学生在课上自己看，同时配合一定的答疑时间，来完成教学过程。这种自行观看微视频最突出的优势就是时间自由、方便，学生在看的时候可以自我掌控节奏，不断地看、反复地看。不同学生的学习能力和学习速度不是统一的，有的学生对新知识接受比较快，有的学生则相对来说慢一些。在传统课堂上进行教学，老师陈列的是统一教学进度与要求，所以无法兼顾到每一个学生的需求，只能照顾大部分学生的需求。网络授课的模式是在课前可以让学生提前看教学内容，能很好地弥补这一短板，充分起到了预习的效果。让学生带着疑问跟老师进行互动，老师针对性地进行讲解和答疑，同时让学生展开充分的互动讨论和交流，完成自主思考和深入学习。教师在教学过程中起到的是助教、助导的作用，而不是像传统的课堂以老师为中心，学生的思考能力未完全得到锻炼。网络授课把更多的时间留给学生，凸显了学生在课堂上的主体地位。

（三）共享优质教学资源

通过网络授课，大部分优质教学资源"井喷式"地涌入高校备选名单上，任课教师进行编辑利用，同时在后台设置好不同环节的分值比例，根据学生学习的情况自动生成学情统计表，任课教师可以根据统计表进行追踪，深入了解学生的学习困难。本专业任课教师有50%根据自己的需求自制教学视频，有50%结合精品课程优质资源，以满足教学需求。此举有利于优质教育资源的共享，对促进教育均衡发展尤其是西部地区的教育发展也具有重要的意义。

（四）提升教学效果

网络授课的优势是可以很好地集中知识点，老师在编制视频的时候可以将问题带入，或者留下思考带入新的知识点，不同学科都有自己的教学特点和方式方法。在传统课堂中，学习表现好、气氛活跃的学生优先被老师关注，其他学生则经常会被忽略，再加上部分学生的惰性，很容易造成学习效果"两极分化"的现象。调查结果显示：4%的学生因为时差和作息习惯问题，认为授课时间不够合理，但可以接受。96%的学生认为授课时间比较合理，网络授课可以帮助跟不上学习进度的学生，如果在课堂上有哪些地方没听懂可以回放视频进行补充学习，打破了空间、时间和次数的限制，学生也可以根据自身的接受能力进行暂停、倒退、回放、快进的选择，更有利于学生接受新知识。有的老师逐渐摸索并开发更多的平台功能以丰富教学形式。任课教师也可以有效地关注学习有困难的学生，确保全覆盖。

二、经济学专业"网络授课"的消极效果

（一）网络"优质"课程使用率不高

据不完全统计，伊犁师范大学开设的一千多门课程中有85%的课程采用网上"直播+录播"的形式。教师对"直播"情有独钟，对那些数量巨大的优质课程"视而不见"。这背后折射出的是所谓的"优质"网络课程更多的是"优"在面上，而质却很平淡。同时也给准备打造"网课"的高校提供了新的思路，本专业教师在授课过程中也反映出以下几个问题：

拓展性知识没法讲。本专业网络课程采用微课，每个知识点的视频时长5~15分钟，只够将一个知识点的重点内容呈现出来，教师基本上就是读了一下内容大纲，或者介绍了知识点，无法拓展讲解以帮助学生理解和消化。基于经济学专业特点，大部分内容需要结合案例、列举等方式进行拓展知识点，帮助学生消化理解。大部分优质网课资源在学生看来，感觉中规中矩、缺乏吸引力，甚至是照本宣科，缺乏活力和代入感，上课就像喝"白开水"，无论营养有多好，也很难有效地长期吸引学生，无法激发学生的探究和参与激情，长期下去学生的学习态度就会恶化。

根据目前经济专业网络授课的教学效果和访谈教师的结果看，网络授课在一定程度上弥补了填鸭式教学的弊端，学生完全可以根据自己的时间和效率调整学习进度，而不是必须跟着老师的节奏走。调查结果显示，有15%的学生有课前预习的习惯，在一堂课中，对于有预习特点的学生，已经提前完成了任务点，需要在集中授课时间对疑难知识点进行答疑，而对于按部就班的学生就需要根据任课教师安排的任务进行学习。从教学效果上看，就产生了分层教学，那么任课教师就需要考虑这种情况，对提前完成教学任务的学生，额外安排难度适宜的教学内容，网络授课完全可以满足分层教学的需求。

（二）课堂管理存在漏洞

学生参与度无法保障。调查发现只有61.41%的学生能够有一个安静的学习环境，从学生的视角来看，部分学生无法像在学校教室里一样进入课堂氛围，参与深度和广度无法控制。在录网课的过程中，教师基本上都像播音员一样端庄规范、表情单一，也导致学生参与兴趣低和参与效果不好。

（三）教师掌控时间的能力减弱

根据合堂课任课教师的访谈，教师精力有限，答疑时间有限，很难兼顾所有同学提出的问题，时间都浪费在少部分同学上，且有些同学表达不清，甚至可能出现浪费时间等现象。基于这种现象，可能会导致学生"放弃"答疑，转为自学。教师也无法很好地安排空中课堂其他活动，预期教学目标无法实现。

此外，对于学生而言，空中教室也存在着不少问题。据调查，一部分学生认为不应该继续使用空中课堂，其中就包括看视频时间过长、伤视力、网络卡顿、软件过多、信息混乱等问题。调查显示，有70%的学生认为返校后仍需要串讲一下重要的知识点。

三、基于"网络授课"的经济学专业课程改革思考

网络教学课程分为两种模式：一种是基于行为主义的xMOOC，目前笔者所在院校开设的网络授课课程就属于这一类别，它倾向于知识的教学和传授，注重学习和测试结果。另一种是基于关联主义的cMOOC，它侧重于探究和讨论，培养学生的创新能力。还有当下西方国家较为流行MOOR（Massive Open Online Research），即大规模在线研究课程，这些都是有深度、有创新性的更加注重课堂探究和研究的课程。基于以上调查和分析，经济学专业教改不是形式上的改，更多的是从形式到内容再到效果的改，对于经济学专业来说，什么样的模式更合适？应该从以下几个方面进行考虑：

（一）优质资源可以很好地补充教学内容

对于经济学专业而言，现阶段在线课程完全可以作为课堂教学的补充和拓展。教学理应是充满活力、充满探索性的，是引导思考的地方，而不能像"白开水"那样的感觉。教师应该是声情并茂、观点鲜明，充满活力和激发力的领学者，"戴着枷锁的舞者"永远不可能成为一名优秀的教师，更不可能教育出优秀的学生，自然就不可能受到青睐。

从形式上来看，网络授课的优势已经显现，网课作为辅助可以，成为主导不可取。本专业借助网络授课的教学资源，选取适合的优质资源丰富课堂教学是可行的。将网络资源作为补充，既可以培养学生课下思考的习惯，也可以锻炼学生的创新性思维。从教学内容上看，教育领悟急需供给侧改革，无法持续稳定地进行高质量的知识和理念供给，

是本专业发展受限的根源,也是众多专业发展的制约因素之一。

(二)热点问题不该"冷下来"

对于经济学专业而言,每天都有一些热点问题发生,这些问题是学生锻炼思考能力很好的素材,在授课过程中,应该引用当前热点问题进行思考、讨论,甚至作为课程思政的案例,启发学生关注社会的兴趣点,进而对学生进行德育教育。以《微观经济学》课程为例,本课程是经济学的基础课程,前几章介绍了基础的概念、理论。在进行教学改革时,任课教师可以在三个角色之间转换:倾听者、评价者和补充者。授课老师借助热点问题引出概念、理论,经学生理解消化后,由学生收集素材,进行举一反三,以融会贯通,充分展示本专业应用性的特点,让学生有充分的展示和分享。同时在大思政格局下,可以根据经济发展变化的规律及中国特色社会主义理论的实践经验,提升学生对国家的认同感,发挥育人效果。

(三)构建合理的教学团队

"网络授课"虽然在一定程度上满足了分层教学的效果,但是分层教学是任何一位任课教师都很难驾驭的,需要合理的师资队伍结构与之匹配。师资队伍进行分工合作,结合不同教师的优势和特长,科学合理地设计教学任务,为打造"金课"做准备。尤其要提出的是在构建专业团队时,可以打破专业限制,采用混合式师资队伍,更有利于专业课程的建设,从不同角度设计教学,以满足多样化教学的需求,从本质上提升教学效果。

(四)构建专业命运共同体

经济学基础课程不仅是经济学专业需要开设的,管理学专业也需要开设,因此在教改过程中可以结合专业特点和教学需求,相互抱团,构建专业命运共同体,共同打造出一些高质量、多样性的教学成果。经管类专业也需要转变教育理念,实现真正意义上的应用型人才培养,在教学过程中提升学生的学习能力。

第三节 线上教学模式及经济效应

21世纪是知识经济时代,对知识获取途径的创新将会成为其重要内容之一。随着人们对教育经济研究的不断深入,人们更加深刻地认识和感受到教育和经济之间密不可分的关系。经济是教育的基础,经济的发展决定着教育的发展,教育的发展又作用于经济,推动经济的发展和增长,主要体现在通过教育培养培训的劳动力数量和质量的提高,为整个社会经济的发展提供重要动力。

教学作为教育的重要载体,在促进教育的发展中发挥着中坚力量的作用,随着科学技术的发展和互联网的发展，教学方式也正在发生着日新月异的变化。线上教学起始于20世纪90年代，进入21世纪后进入蓬勃发展阶段，基于线上教学本身的特点和优势，对经济的发展也产生了一定的影响。

一、线上教学的优势

线上教学指通过互联网、移动设备等传播媒体实施教学的形式。线上教学通过最大化利用各种教学资源，通过网络传播途径跨越时间和空间的限制，不再局限于传统线下教学方式的束缚，打破了传统的教学壁垒。

线上教学可以让学生拥有更多的选择权，不再局限于原有传统的课堂实践中课程的安排和设置，可以选择更多的自己感兴趣或是有专长的课程，同时可以更多地选择知名学者、专家、优秀教育工作者的在线课程。学生可以利用线上课堂更好地开展自主学习，受教育者的主观积极性和能动性得到更好的展现。

网络化的教学管理，即通过计算机网络的教学管理平台进行操作，具有自主管理和互动处理功能。在实际的网络教学管理中，如学生的咨询、报名、交费、选课、查询、学籍管理证书、学业与考试管理等，都可以通过网络远程交互的方式来完成，达到了极大的便利性与自动性。

线上教学可以总结为较为流行的观点——5Any，即所谓的任何学习者（Anyone）、任何时间（Anytime）、任何地点（Anywhere）、任何课程（Anycourse）、任何章节（Anychapter），这也与我国提倡建设的人人皆学、时时能学、处处可学的学习型社会有着相似的含义。

二、线上教学的不足

在线教学平台的学习用户的直观感受或是体验度欠缺。受教育设备、教学环境等客观因素的影响，尤其是应用性较强的学科学生难以获得较为直观的感受或是体验。不能满足自然科学实验性知识的硬件设备要求，无法通过实习实践获得实习体验、实验过程、实践成果等。

因为线上教学一般面对的学习用户较多，教师难以兼顾到所有学生的学习状态和学习效率，尤其是学习心理的把握，在某种程度上会造成教与学的偏离和对立。线上教学的监督管理和质量保证方面有一定的折扣。

学生分布在不同的多媒体端口接受在线教学，较难通过学习的集群效应实现学生之间的互相交流、互相学习、互相验证或是质疑，难以碰撞出思想火花或是思维冲突，以更进一步加强对知识的理解和掌握、应用。

不同的学习用户群体通过在线学习达到的学习效果存在较大差异。一般情况下，中小学生完全通过在线教育达到学习目标的效果较差。一方面，因为受学习用户本身学习主观性和学习自我约束能力的制约，中小学生如果过度依赖在校教育模式，会给家长造成更多的监管学习的负担和压力；另一方面青少年会更加沉迷于网络世界，不利于身心健康成长。

三、线上教学模式的经济效应

线上教学除了是教学模式的一种创新，同时也是线上经济的一部分，在某种程度上有利于线上教育机构或提供相关线上教育互联网平台的发展，带来相关经济利益的同时，也增加了相应的就业岗位。

线上教学的发展在一定程度上促进了传统教育、培训机构的革新。通过线上线下双重发展，互为支撑、互为补充，促进资源的优化配置，促进教育产业结构的优化升级，促进教育的供给侧结构改革，有利于教育产业适应现代经济发展的需要，实现自身的可持续发展。

线上教学在某种程度上促进了教育资源的公平分配。在中国实际的教育资源分配中，存在着严重的不均衡现象，过度集中在大中型城市，人们为了获得优质的教育资源，更多地涌向大中型城市，这也是一线城市房价过高的原因之一，教育俨然成为稀缺资源。线上教育的发展，知名的专家、学者、优秀教育工作者通过线上教学的方式分享自己的研究成果、教学成果，使得优质教育资源在空间和时间范围上都得到了扩展，有利于更加有效地提高劳动力的整体素质。

线上教学由于缺少空间和时间的限制，在某种程度上可以进行无限传播，较大地节省了教育者的人力资源成本、时间成本、空间成本，有利于集中精力做线上精品课程、优质课程。

线上教学的发展不仅敲响了传统教育的警钟，也吹响了未来学校转型的冲锋号，"空中"课堂普遍化是面对突发公共事件的应急之策，也使在未来教育教学方式变革中实现常态化成为一种可能。同时，也会促进相应的技术升级或改革，如5G技术的发展、国家教育资源平台的构建、课程资源和程序的开发使用等。

第四节　经济博弈论混合式教学模式

博弈论是关于博弈的理论，是研究行为互动的理论。它起源于游戏，又叫"游戏理论"（Game Theory），深化于政治军事，发展于经济生活。在我国历史中，有许多精彩的博弈论典故，如"兔死狗烹""退避三舍""田忌赛马"等。博弈论隶属于经济学，是经济管理专业学生的必修或限选课程，甚至也是许多学校的通识选修课程，因为它不仅在经济管理领域，在政治学、社会学以及心理学等诸多领域也大放光彩。

如何应对室友的不良习惯？为什么公共厕所的纸会消耗得特别快？学习上如何才能在一次申请答辩中战胜对手？工作中如何才能管理好团队中的"懒汉"和"刺头儿"？等等。这些看似毫不相干的事情，却有一个共同的特征：你处于一群和你一样主动的、智慧的决策者中，你们的行为互相依赖、相互作用。

自 1994 年纳什等三位经济学家因为在博弈论领域研究的突出贡献获得诺贝尔经济学奖以来，近 30 年间诺贝尔经济学奖多次颁给博弈论的研究领域，肯定了博弈论在经济学分支学科中的地位和作用。2020 年，经济学家保罗·米尔格罗姆（Paul R.Milgrom）和罗伯特·威尔逊（Robert B.Wilson）因为对"拍卖理论的改进和新拍卖形式的发明"获得了诺贝尔经济学奖，因此用博弈论的基本方法分析经济社会领域的相关问题，才能实现真正的理论和实际结合。然而，在我们传统的教学中，往往还是沿用讲授理论方法、加强例题练习运用、复习考试这样的教学环节，大大降低了学生的学习兴趣，不能将理论知识运用到解决实际问题中。

一、目前经济博弈论教学现状

（一）学生对博弈论课程的学习存在畏难情绪

工商管理专业学生的来源有理科生也有文科生，学生浏览教材后在心理上对课程的认识存在偏差，教材里大量的内容都与高等数学、概率论等知识有关，而工商管理专业学生恰恰在高等数学这方面的基础比较薄弱，在思想上产生畏难情绪，产生排斥感，失去学习兴趣，进而缺乏学习的主动性和积极性。然而，博弈论教学的最终目的是要把理论的学习融入对经济活动实践的研究和认识中，紧密联系实际，提高学生分析经济现象以及解决经济问题的能力。因此，现阶段的博弈论课程教学无法激发学生的求知欲，理论与实践脱节，学生的"学"与"用"脱节。张燕在经济学本科《博弈论》课程教学改革探索中从理论、实验、实践三者有机结合的视角，提出了完善经济学本科《博弈论》

课程教学的建议。

（二）教材没有针对性

博弈论是涵盖多学科交叉知识，涉及多学科的基础知识和基本理论的运用。目前有关博弈论的教材很多，内容也偏重理论推导，理论性强且很抽象，对高等数学的基础知识要求较高，对工商管理专业的本科生而言，难度较大，适合研究生使用。本科生学习博弈论课程主要是掌握一些入门知识，培养博弈论的思维方式，教材中需要有较多与经济生活息息相关的案例的应用，帮助学生理解理论知识。对本科生而言，一本深入浅出的普及性教材比较合适。

（三）教学环节缺乏足够的案例

贺新向在《基于课堂教学改革的学校组织变革研究》中提出基于课堂教学改革的学校组织系统变革的模型建构。对博弈论课程的学习，也应该探索课程组织形式的变革。但是，博弈论始终离不开数学基础知识，博弈的表达式、均衡的推导及博弈方得益的计算均要使用大量的数学工具，这让很多学生把博弈论课程的学习当作一门数学学科进行学习。对于工商管理专业的本科学生而言，博弈论课程的教学目的是要把博弈论的思维方式运用到经济活动实践的研究和认识之中，理论联系实际，淡化过程推导，意在提高学生分析经济现象、解决经济问题的能力。因此，经济博弈论课程在教学过程中，应该加入大量的案例分析，培养学生用已有的理论知识去分析和解决问题，激发学生学习这门课程的兴趣，从而提升运用知识解决实际问题的能力。

二、混合式教学的可行性分析

随着互联网的快速发展，信息流通减少了许多屏障，互联网已融入我们生活和学习的方方面面，为我们生活和学习提供了极大的便利，同时在互联网的带动下，也为我们学习方式的改革提供了契机，需要将互联网上的优质资源引入课堂，教学形式进行不断的改革和创新。比如，最近几年涌现出了许多网络课程平台，如"爱课程""中国慕课MOOC"等等，很多国家级精品课程都能在这些网络平台上找到，为我们实现优质教学资源共享提供了途径。

在这样的背景下，管理信息系统的教学模式不应该只局限于传统的填鸭式、被动式的教学模式，而应该追求探究式、讨论式、多元立体化的教学模式。高欣峰等人在《翻转课堂模式下的MOOC学习行为分析》中指出，借助中国慕课MOOC平台，进行MOOC学习实验后，学生考核通过率能达到100%。李媛在《基于MOOC推进大学课堂教学改革策略探讨》中指出大学课程教学进入大数据时代，分析了在课堂教学过程中加入中国慕课MOOC课程能促进学生的创新性。因此，在经济博弈论课程中，融入"慕课学习＋课堂教学＋实验"的混合式教学模式，能更大程度调动学生的学习兴趣、学习主动性、学习积极性，从而提高学生学习和分析问题的能力。

三、混合式教学模式探究

（一）教师线上学习线下融合，扩充知识储备

由于博弈论课程与经济管理方法的运用密切相关，涉及大量的案例，而且这些案例的时效性较强，教师在设计教学内容时需要搜集大量的教学素材，可以在大量的互联网教学平台中获取，如"囚徒困境""智猪博弈"如何影响企业和政府之间的行为活动，教师可利用网络在线学习平台"爱课程""中国慕课MOOC""爱奇艺"等获取时效性较高的案例资料或视频资料，作为教学的案例，教师在搜集整理资料的同时也是自我学习和提高的过程，能进一步理解教学内容。

（二）学生"线上学习＋课堂讲授"的混合教学模式

教师在课堂讲授的同时，可以在网络在线平台上选择一门线上课程，引导学生进行线上学习，弥补我们实际教学中的不足。比如可以选择案例较多的哈尔滨工业大学的慕课课程《博弈论——策略互动的艺术》作为同步学习的课程，并完成课程考核，将线上学习作为课堂学习的有益补充。

（三）完善考核课程体系设计

传统的管理信息系统课程考核结果通常由两部分构成：期末考试（50%）＋平时成绩（50%）。期末考试主要是对理论部分的考核，一般采用笔试的形式，平时成绩一般由课堂表现、平时作业成绩、出勤情况等构成。由于该课程理论推导较多，计算要求较高，学生若对课程学习没有积极性，没有分清楚博弈模型的类型结构，很难掌握这些推理过程，期末考试成绩不理想，老师要靠平时成绩提高学生的通过率，学生学完这门课程的收获将会很小，在实际工作中也不能用博弈的思维方式去解决问题。在"线上学习＋课堂讲授"的混合学习模式下，可以将线上学习的情况作为考核的一部分，打破了学生学习时间和空间的限制，构建"期末考试（35%）＋平时成绩（35%）＋线上学习成绩（30%）"的课程考核体系。

（四）加入实验教学部分

在教学过程中融入实验教学部分，将班里的同学进行分组，进行博弈实验，让学生亲自体验竞争、拍卖、合作及决策的全过程，提高学生学习博弈论的兴趣，进一步加深

理论知识的理解，培养博弈思维的实际应用能力。例如，在学习"议价博弈模型"时，进行"分钱"试验，让两组同学参加，分别扮演博弈方 A 和博弈方 B。教师拿出准备好的 100 元钱让 A 和 B 来分配这 100 元钱。首先 A 提出 100 元钱在 A 和 B 之间的分配方案，B 可以选择接受还是不接受该方案，如果 B 接受，则按照 A 提出的方案将 100 元钱分配给 A 和 B，如果 B 不接受，则由 B 来提出分配方案；同样，A 可以选择接受还是不接受该方案，如果 A 接受，则按照 B 提出的方案将 100 元钱分配给 A 和 B；如果 A 不接受，则由 A 再次提出分配方案，而 B 无权拒绝，只能接受 A 第二次提出的分配方案。通过这个实验，让学生切实地领会和掌握完全且完美信息的动态博弈模型的解决方法——逆推归纳法。

本节从笔者所在院校工商管理专业经济博弈论的教学现状出发，分析了目前该门课程在教学过程中存在的一些问题，提出了"线上学习+课堂讲授+课堂实验"的混合教学模式。引入网络学习资源弥补实际课程资源的不足，养成课前通过网络视频资源的学习，预习相关理论知识，课程中引入生活中的案例，让学生养成关注学科前沿的良好学习习惯，通过查找相关资料，总结挖掘经济社会的热点问题和话题，结合对博弈知识的学习，运用博弈分析方法，培养博弈论思维，对这些热点问题进行独立的思考并提出自己的见解；注重博弈理论与实际生活的密切联系，教学过程中突出强调不同学科之间的交叉与融合，通过让学生自主探究、合作交流，共同提升博弈素养、感受博弈的魅力，从而让学生体会到学习这门课程的理论和实际意义，提升该门课程的学习效果。

第九章 经济学专业理论与实践教学创新研究

第一节 微观经济学原理混合式教学

一、混合式教学模式的概念

所谓混合式教学模式就是将在线教学和传统的课堂教学相结合的一种"线上+线下"教学,实现两种教学模式的优势互补,进一步通过两种教学模式的有机结合,提高学习者的学习兴趣,引导学习者由浅到深地进行深度学习。

目前我国线上教学平台众多,知名的如中国大学慕课、智慧树、网易课堂等。这些优秀的教学平台汇集了各大高校及各门课程的教学名家,他们录制相关的课程并在平台播出,以供更多的学习者观看。网络课程可以实现优质教育资源在更大范围内传播,规模经济显著,能满足求学者的需求,解决中国地区间教育资源不均衡的现实问题。此外,线上教育资源可以随时回看,可以弥补课堂教育知识无法回放的缺点,且可以解决教育时空上的分离问题。

线上教学虽然具有很多优点,但是缺乏传统课堂教育所具有的互动性、即时性沟通及课堂灵活监督等特点,将线上教育与线下教育有机结合,可以实现两种教育方式的优势互补,提高教育效率,提升教育满意度,实现教育的初衷。

二、微观经济学原理课程的地位及教学目的

(一)微观经济学原理课程的地位

微观经济学原理作为经管类学生的专业基础课,是经管类专业的核心课程,在学生的整个课程体系中处于非常重要的地位。该门课程主要研究市场经济条件下个体经济行为及这些个体间的相互作用所形成的市场结构关系,同时对要素市场如劳动、资本、土地等方面的理论进行研究。微观经济学原理是所有经管类专业的先导课程,只有学习了这门课,学生才能深入学习其他经济类课程。对经管专业的学生来说,微观经济学理论

就像盖房子打的地基一样，所有的经济类课程如国际贸易、国际金融、产业经济学等课程全都建立在微观经济学原理这门课的理论基础之上。

（二）微观经济学原理的教学目的

该课程的教学目的是通过教学让学生掌握微观经济学的基本概念、理论和研究方法，并在理论学习的基础上，提高学生理性思考及解决现实问题的能力，为将来专业课学习和日后研究及工作打下坚实的经济学基础。中国正处于经济转轨时期，微观经济学的相关理论和方法对中国当前经济建设具有重要的指导意义。作为国家未来建设者的青年学生，不仅要掌握微观经济学的基本理论，更要能够运用相应理论对生活中的经济现象进行分析和理解，做到学以致用。总而言之，微观经济学原理课为培养具有深厚经济理论功底和经济管理能力，能胜任经济理论研究、实际经济分析和综合经济管理工作，与国际接轨的高级专门人才提供服务。

为了更好地完成培养方案，改善教学方法和手段，充分利用现有的教育资源，提高学生学习的积极性，提升教育效果，中国社会科学院大学微观经济学原理这门课进行了混合式教学模式的改革。

三、微观经济学原理混合式教学模式的建设目标

（一）提高学生学习经济学的兴趣

课程教学的目标围绕学生培养目标，离开了培养目标谈课程改革是不切实际的。混合式教学模式建设的目标之一就是将学生的学习由教师的"推"转为学生的"拉"，让学生带着兴趣主动进行学习。这要求对线下教学方法进行调整，教师要避免填鸭式的教学方式，通过身边熟悉的经济事件引发学生的思考，由浅入深地引导学生进行复杂难懂的理论学习。同时让学生更多地参与到课堂当中，通过小组讨论、案例分析等方式，调动学生学习的积极性。对于背景及简单的理论知识则在线上进行，除了教师的讲授还需要学生自己搜集一些资料自主学习。两种方式的配合，既可以让学生参与到学习中，又能锻炼学生学习的自主性，进一步引发学生主动学习经济学的热情。

（二）提升学生解决实际问题的能力

经济类课程理论性较强，学生理解难度较大。在纯粹的线下授课模式下，课时有限，但是要完成理论、实际应用及习题等内容的全部任务，对学生的锻炼相对不足。将一些简单的内容放到线上来进行，可以把节约下来的时间在线下进行充分利用，如可以在线下授课过程中注重找现实中最新发生的经济事件来和学生进行分享及理论解读，从而加强学生对现实经济现象的理解和分析，提高其解决现实问题的能力，真正做到学以致用。

（三）课程考核更加合理

考试是考核学生对知识掌握程度的重要方式。混合式教学模式实施以前，本门课程采取平时考核和期末卷面考核相结合的考核方式。混合式教学模式实施以后，线上学习的情况也需要加入考核过程中。如何更合理地将线下和线上的学习情况在平时考核和卷面考核中表现出来，需要进行认真的思考，并根据每门课程的特点来配以相应的权重，以便更合理地考核学生的学习情况。

（四）充分利用现代化教学手段和丰富的网络教育资源

微观经济学原理这门课程理论性较强，尤其是运用理论分析现实问题的难度较大。互联网上有很多优秀的教学资源，如中国大学慕课、智慧树等互联网平台有和这门课相对应的课程，且这些课程由国家顶尖的教师进行授课，所以充分挖掘并利用线上平台资源不仅能够让学生享受到优秀的教育资源，与学术前沿紧密联系，也给学生足够的时间进行思考，并将累积的问题在线下和教师进行探讨。

（五）课时的有效利用

笔者所在学院微观经济学原理这门课的课时总数为48课时，对于内容多且复杂的微观经济学原理来说，这些课时是严重不够的。为了能够节约更多的时间给学生，一些理论背景、浅显的概念类的知识点可以采取利用网络平台或者教师录制的方式来进行，学生可以自己进入相关的网站进行自主学习，这样就大大节约了课堂授课的时间。

四、微观经济学原理混合式教学模式的建设内容

混合式教学模式的建设包括线上和线下建设两部分内容，两部分内容要分别适用于不同的教学方式且互相衔接才能更好地实现建设目标和要求。

（一）线上内容建设

1. 线上平台的选择

线上教育首先要选择一个线上平台，学生和教师通过平台来进行知识的传授和交流。好的平台的标准：首先，能够容纳更多的学生在线学习而不出现卡顿；其次，平台的建设时间比较长且有更多的配套学习应用，如支持在线的课堂讨论、小组学习、在线签到、学情数据统计等；最后，平台上要有足够多且优质的教学资源，以供学生选取最适合学习的课程内容。目前国内线上教育平台很多，如中国大学慕课、智慧树、钉钉、腾讯课堂、网易课堂等，每个教学平台都有其自身的优点，但是同时也存在着缺点，通过比较，微观经济学原理课程选取了中国大学慕课作为线上平台。选择该平台的原因是中国大学

慕课平台经过多年的运作经验丰富，所提供的教学管理应用也比较全面，该平台上有很多国家级精品课，为线上教育提供了有力的保障。

2. 课程内容的准备

选择好平台后，课程内容的准备就至关重要了。线上课程的内容可以选择两种方式，一种是利用平台已有的课程资源，另一种则是教师自己录制课程内容。本门课程选择两种方式相结合的模式，充分发挥互联网在线平台提供的各种方式的优势。

（1）平台已有录制课程的选择。目前中国大学慕课、网易课堂、智慧树等平台都有很多教学视频，这些教学视频都是国家级的精品课程，汇集了国内各高校优秀教师的精彩讲授，只要选择好适合自己学校和学生的课程，就可以把网址链接发给学生，学生可以自己选择时间完成学习。能够不用出门就和国家优秀教师进行学习对学生来说是一种非常大的福利，但是这种方式也有风险，那就是和线下课程的衔接以及授课内容是否适合自己的教学目标和要求。为了能够将其和自己的授课更好地结合，教师要对授课内容进行仔细的甄别。本门课程选择讲授经济学前沿部分内容的视频作为学生学习的内容，以便让学生通过学习了解经济学的发展动态。

（2）课程的自我录制。网上的视频资料很难和笔者所在院校学习相结合，所以进行课程的自我录制就显得很有必要了。课程录制并播放主要是为了节约课堂时间。自我录制课程也需要进行课程的合理设计，哪些作为录制内容、哪些在线下讲授需要做好合理的安排。本门课程将一些基本概念、理论背景及浅显易懂的知识作为录制内容，这样学生就可以自行学习，将难以理解的知识点在线下通过沟通互动来完成，大大节约了课堂的授课时间。

3. 课程的监督和管理

不管是采取哪种线上课程，都不意味着教师就可以解脱了。线上授课需要对学生的学习情况进行随时监督和跟踪，以了解学生的学习动态。本门课程通过对线上课程进行作业设计及预留相应的讨论内容来监督学生的学习情况。

学生线上学习的情况是需要通过与学习内容相关的作业及讨论等来进行复习及检验的。所以对与线上教学内容相匹配的习题作业及讨论的设计非常重要。本门课程为线上内容设计了相应的习题，学生可以在线操作完成，教师也可以在线评阅，每位学生都能看到自己作业的完成情况；讨论的话题是开放性且与现实经济现象紧密结合的，每位学生都可以看到其他学生发表的内容，互相学习借鉴，并可以通过回复其他学生的发言来反复讨论，增强对问题的认识、学习情况及效果的监督。由于线上学习是自主完成的，但不是每位学生都有绝对的自控力，难免有学生会对线上课程不重视。为了让学生感觉线上与线下课程同样重要，教师要对线上的学习情况进行监督和检查。目前，线上平台大多有相应的功能，教师可以查看每位学生对视频材料的学习时长、资料下载情况、作业完成情况、每个视频资料的具体学习时间等学情数据，这些数据可以客观地反映学生的学习情况，以督促学生加强对线上学习的重视。

（二）线下内容建设

1. 教材的选用

任何课程想要顺利进行都离不开优秀的教材，既可以选择已有的教材，也可以自行编写教材。目前微观经济学原理这门课的配套教材非常多，无须教师自己编写，只需对现有的教材进行择优即可。经过比对，笔者所在院校主要选择高鸿业主编、人民大学出版社出版的《微观经济学原理》作为课程教材，辅之以马克思主义理论研究和建设工程重点教材《西方经济学》上册，并将逐步过渡到以马克思主义理论研究和建设工程重点教材为主。将两本教材在实际授课中结合应用，效果较好，学生都能够接受，反映课程内容与实际经济现象联系较为紧密，且能够很好地理解和运用。

2. 课程内容的选择

混合式教学模式需要重新对线上线下的授课内容进行设计和选择，避免有交叉重复的部分。本门课程的线下课程主要选择理论理解难度较大、需要学生现场讨论和互动的内容，以便随时了解学生对学习内容的掌握程度，并在课堂上进行答疑解惑。课堂教学的课时有限，所以要侧重提高学生对理论的领会和应用能力。只有通过课堂教学，通过在课堂上对学生的观察才能了解到学生对重点知识的掌握程度。

（三）线上线下内容的融合

1. 课程内容的融合

混合式教学的线上和线下部分不是分割的两个部分，而是为了完成同一个教学目的采取的不同教学方式，应该充分发挥两种教学方式的优势，实现优势互补。所以要在课程开设前对课程内容进行合理的分配，并保证在实际运行中做到两种教学方式授课内容的无缝衔接，避免学生有些内容没学到，而有些内容又存在交叉，或者线上线下课程授课先后顺序存在问题，导致学生学习出现困惑等。

2. 考核机制的融合

对于教学来说，考试不是目的，只是手段。需要鼓励学生更多地将精力放在平时的学习上，将基础夯实，而不应该鼓励考试前临时抱佛脚的秉烛夜读。混合式教学模式由于采取两种教学方式的综合，考核机制也需要进行调整和改变，对线上和线下部分都要进行单独考核。本门课程对线上学习部分给予课程总分数30%的权重，通过一半卷面考试一半学习情况的考核来完成。线下学习部分也分成两部分，平时上课的状态占30%，卷面成绩占70%。线上线下结合的考核机制一方面可以让学生对线上学习重视起来，另一方面也可以通过考试设计综合考核学生对基础知识和应用性知识的掌握情况。

五、微观经济学原理混合式教学模式建设的难点

（一）混合式教学模式存在的问题

微观经济学原理采取混合式教学模式后，在实际执行过程中发现混合式教学模式存在着一些问题，这些问题制约了混合式教学模式的效果，问题大致有以下几个方面。

1. 网上授课时长导致知识点不够透彻

目前不管是采用网上的视频还是自己录制的视频，都不能像线下教学那样实现45分钟的每课时时长，一般是20分钟左右，甚至有些只有十几分钟，这样的时长限制一方面考虑到学生网络听课的注意力集中问题，另一方面也考虑了学生的视疲劳问题。但这容易导致学生对知识点的理解蜻蜓点水，如果学生在线下课堂忘记就不懂的问题和老师进行探讨或者不愿意探讨，很容易让学生对知识点理解得不够透彻。

2. 受限于教学工具

网络授课主要是靠教师出镜讲授再配以一定的电子版课件，很少有手写板的操作，而微观经济学教学中涉及很多的图表分析及数量推导证明分析，这些分析在板书操作上要求比较高，而且只有现场的板书操作才能让学生跟着教师的思路往下走。但是网络教学往往受场地及工具限制，对于板书的使用有一定的难度，这也使网络授课的效果大打折扣。

3. 线上线下课程衔接存在一定的问题

线上课程的录制虽然是模块化的，但是想要和线下课程内容无缝衔接难度还是很大的。首先，线上课程内容是事先录制好的，无法进行调整，能够调整的只有课堂的授课内容，但是课堂授课虽然在开始可以和线上的内容进行衔接，课堂课时结束却未必能够和下一次的线上课程衔接上；其次，在课堂教学过程中会有些偶发性因素，如学生问题较多，需要一一解答，或者遇到学校的一些活动需要进行课程调整等，这都会在一定程度上打乱教师事先的计划，使得线上线下的课程无法进行有机结合。

（二）混合式教学模式存在问题的改进措施

虽然目前在课程建设中还存在一些问题，但是未来可以通过更合理的计划制订及技术手段的提升来解决。

对于下一步的工作，我们将努力与专业课程录制公司协商，将需要板书的内容更好

地呈现在网络上，更合理、更细致地制订教学规划，并在课堂上与学生提前进行沟通，尽量做到线上线下的无缝链接；对于网络课程要听取学生的反馈并进行调整，而不是一次录制终生使用；对于考核方式，则要考虑线上线下的占比分配，并利用现代化工具更好地考核学生在线上学习的情况，通过权重分配更合理地考核学生的学习情况。

要对线上线下的学时进行更为精确的计算，对课堂教学的节奏要更加严格地把控，并尽可能减少由于学生在课堂上提问所导致的课时把控不准的情况，可以通过其他方式来解决学生在课堂上所提出的问题。

混合式教学模式是未来教学的方向，可以充分调动学生学习的自主性和兴趣性，更好地利用已有的教育资源，提高现有课时的利用效率，提高教学效果，更好地实现教育目的。

第二节 经济法翻转课堂教学

随着现代教育信息化的不断推进，传统的教学形式已难以满足学生对全面学习经济法知识的需求。传统经济法课程理论知识繁多、复杂，范围较广，教学方法和内容较落后，学生会对这样的经济法学习产生抵触心理。而伴随着翻转课堂教学模式的出现，传统的课堂形式发生了变化。一方面，课堂内容日趋多样、动态化，极大地改变了学生对经济法课堂的认识，减少了对知识的厌倦；另一方面，教师运用了多种教学形式丰富教学内容，也调动了学生的学习动力，让学生参与其中，有效地提升了经济法教学的质量和效率。

一、翻转课堂概述

"翻转课堂"教学模式产生于美国，即"Flipped Classroom"，意思是快速翻转——基础知识内容的学习与课后练习内容相结合。在翻转课堂的实际教学中，教师通过网络学习平台上传由课堂知识内容制作而成的短小视频，学生在课前观看这些视频，就能针对知识点进行自主学习。在自主学习后，教师收集学生的反馈信息，将晦涩难懂的知识点在课堂上进行统一的讲解。相较于传统的教学模式，翻转课堂教学模式具有这些优点：

（一）"让学于生"，改变传统的教学结构

在翻转课堂中，教师由传统的课本知识讲解者转变为引导学生学习知识的指导者，通过教学视频引导学生自主学习，让学于生，使学生从知识接受者转变为知识探索者。翻转课堂也给予了学生表达自我的机会，激发了学生的学习热情，学生的学习由被动学

习转变为主动学习。

传统"老师讲，学生学"的教学模式是向学生灌输知识，学生像个容器，老师倒什么，学生就接什么，学生缺乏主动思考和学习的思维、能力。在翻转课堂中，学生可以在上课前按自己的学习节奏观看视频进行自学，学习时也可以记录下那些难以掌握的知识点，并与同学、老师进行交流讨论，彻底打破了传统教学的课堂格局，将新课改理念贯彻到底。

（二）促进师生关系和谐发展

传统教学模式没有良好的师生交流平台，使得许多学生在学习过程中遇到问题或产生疑问时，不愿主动与老师交流，久而久之，疑问慢慢积累，最终会造成学生对大片知识一知半解；而对知识理解的不熟练又会影响学生的自尊心，进而降低学生在课堂上的参与度，形成一种恶性循环。翻转课堂打破了这种局面，在翻转课堂教学模式下，课本知识内容的讲解都集中于课前完成，而课堂成了供师生分享课堂信息，交流、讨论并运用知识进行实践的平台。如学生在课前自学过程中存在疑问，便可以在课堂中主动提问，学生先进行交流、讨论，集思广益地解决问题，然后再由老师集中精力去对无法解决的问题进行讲解。这样既锻炼了学生的自主学习能力、逻辑思维能力，又增强了师生之间的交流，促进了师生关系的和谐发展。

（三）翻转课堂可以延伸经济法课堂的内容

将翻转课堂教学模式应用于经济法教学，可以将讲授内容极大地延伸至书本之外。传统教学课堂时间短，教师即使不进行课堂延伸也难以完成教学任务。而短视频的形式可以使学生在任何空闲时间学习经济法的知识内容，如果教师针对课外知识进行一些延展，同课本内容一并上传至教学平台，学生就可以根据自己的喜好来选择感兴趣的内容进行学习，极大地丰富自己的知识储备。

二、传统经济法教学模式存在的弊端

（一）学生知识内化率较低

传统的经济法教学中，先教后学的特点十分突出。经济法教师的灌输式的教学方法过于单一，忽视了学生的主动参与和积极性的调动，学生只能被动地"接受"经济法的抽象原理知识，或是大篇幅的法律、经济理论，学生难以理解经济法的深层内涵，只停留在表面的语篇学习。这样的教学方式削弱了学生活学活用经济法知识来解决实际经济问题的能力。

（二）教学设计不能满足学生差异化的需要

由于学生的学习能力、接受能力不同，他们对经济法学科的认知能力就有所不同，现有的经济法教学难以通过课堂上的有限实践来满足所有学生的需要；教师在设计经济法课程内容时，也难以根据学生多样化的学习层次来开展各种各样的教学活动。因此，差异化成为现行经济法教学模式亟须解决的问题。

（三）学生错过的课程难以弥补

经济法课程的知识体系体量大、知识点繁多，并且每一个知识点的内容也较多，这些知识点之间又存在着非常大的相关性，成为一张庞大的知识网络。在经济法课堂上，如果学生因为走神或没有听明白，错过了某个知识点的学习，便会导致学生对经济法的学习出现脱节，迟迟跟不上教学进度。并且，传统的经济法面授教学并不能覆盖完整的教学内容，教师准备了多少，学生就能学多少，难以自主弥补落下的知识。因而，传统教学模式下经济法课堂的弊端和局限性就显现了出来。

三、翻转课堂在经济法教学中的应用策略

（一）整合教学内容

在经济法课堂中应用翻转教学模式，教师的首要任务是重新规划、整合教学内容，善用网络资源来补充教材内容，确保知识点的完整。结合网络上的真实案例来讲解理论，并通过模拟分析案件来进行教学实践。另外，教学视频是单向传递知识的过程，学生可能没有一定的课堂参与感，因此，教师在制作教学视频时要注意一定的互动性，既要保证知识点讲解的完整性，又要保证学生在获取知识的同时激发其学习热情，培养学生学习的主观能动性。此外，教师要时刻关注学生观看视频学习的情况，根据学生的具体知识水平及时调整学习内容。

（二）合理设计"微课堂"

在确定教学目标后，要根据学生的特点，包括学生的学习习惯、经济法知识水平、行为差异、心理状况等进行层次分析。根据学生的特点来精心设计与经济法知识内容相关的"微课堂"。微视频一般不超过 6~8 分钟，辅以动画的形式来丰富讲授形式，结合旧的知识点，合理地导入新知识点，便于学生构建复杂的知识体系。同时，要提升课堂教学的引导性，增加学生的学习动力，引导学生自主学习、协同学习。另外，教学平台在视频播放结束后应有反馈的功能，便于教师收集学生的建议来提升制作视频的水平。

（三）打造交流互动平台

如前文所述，师生可以频繁互动是翻转课堂的一大优势，因此，打造高效的交流互动平台是经济法教学改革的关键之举。依托"互联网+"等具有实时性交流的技术，如QQ、微信、钉钉等常见的即时通信、办公软件，不仅可以作为课程内容发布、任务布置、作业批改的平台，更可以作为师生之间交流、互评，甚至是课堂互动的通道。教师可以随时随地为学困生开展教学辅导；在学生学习积极性较低时发起热点内容的讨论，促进学生积极地思考如何在现实中运用经济法的知识。

（四）开展有效的经济法教学活动

视频自学的课堂参与度较低，因此教师需要在课堂上开展更丰富的经济法教学活动来提升学生的参与度。当学生的学习效果较好时，可以带领学生分析一些热点事件、案例，提升翻转课堂教学的实用性效果，加深学生对理论知识的理解与记忆。同时，要加强学生对经济法学习成果的交流和反馈，以分组开展辩论赛、情景剧排练的形式促进学生之间的交流，将书本知识和实践相结合，开阔学生的思维。

总之，将翻转课堂教学模式应用于经济法教学，打破了传统教学模式对课堂内容的禁锢，一改课堂枯燥、乏味的局面，不仅能提升学生的自主学习能力，更能促进师生之间的互动，是一种能提升教学效率、改善教学质量的教学模式。

第三节　经济管理专业教学

经济管理专业对学生管理能力的提升起到了一定的促进作用，尤其在成人高校教学中，经济管理知识学习是在职学习的重要内容。一味按照常规教学模式开展教学工作，很难保证成人高校学习者获取更多专业知识。因此要充分结合成人高校特征制订科学的经济管理专业教学方案，使学习者实现稳定提升。

一、经济管理专业教学现状

经济管理专业教学过程中，主要存在以下四点不足。

（一）师生互动较少

本节主要以成人高校的学生为例，在提升学历阶段，常需要学习经济管理学理论知识，由此达到深化学习的目的。然而，教育者面对学生时，应与其保持良好的互动关系，便于增加经济管理专业教学的趣味性。从目前实际情况来看，师生互动机会较少，而且学习者大多缺少明确的学习思路，长此以往势必影响其学习效率。

（二）课程设置不当

在新时代背景下，经济管理专业学生在学习过程中所接触的知识主要以理论知识为主，缺少充足的实践机会。信息时代，若教育者依旧教授传统知识，不新设相应的教学课程，易造成学习者在毕业后与社会严重脱节。

（三）信息化水平较低

信息化教学模式已然成为当前教改工作中的重要方向。无论是普通高校还是成人高校，都要求教师具有较高的信息化教学水平，这样才能为学生提供专业指导，由此增加学习者对课程内容的兴趣度。

（四）教学方法陈旧

当前经济管理专业教学中常采用的教学方法缺少新意，尤其在互联网时代背景下，要求教育者善于结合时代特征，为学生打造全新的教育场景，由此培养出更多优秀人才，使其在学历提升中也能真正掌握经济管理专业技巧。

二、新时代背景下经济管理专业教学模式创新方向

（一）分层教学模式

新时代背景下，经济管理专业教学过程中，高校需应用分层教学模式，结合学生的个体差异特征，为其提供专业的教学指导。分层教学模式在实际应用中，一要设立明确的人才培养目标；二要具备清晰化教学目标，促使学生经由经济管理课程的学习获得进步。尤其在成人高校教学中，每个学生的学习基础不同且学习动机不一致。此时，教师应对其进行分类。具体可按照教学内容，对学生进行分层教育。以运筹学课程为例，教师应设计三个教学层级，分别为核心基础知识的讲述、基础方法的详细阐述及教学重难点的拓展，之后教师可在分层教学中，观察学生的掌握程度，并适当调整运筹学的教学时间，逐渐加深学生对运筹知识的理解。

翻转课堂是当前教育工作中值得推广的新型教学模式，其作为一种信息化教学手段，要求教师在课前合理制作微视频，这样便于学习者能从视频中掌握专业知识，以免单纯依靠教材文本信息，导致学习者失去学习兴趣。本节主要以企业资源计划系统（Enterprise Resource Planning，ERP）沙盘模拟课程为例，教师可先行拟定视频主题，模拟企业生产运营场景，包括制定相应的财务规则与财务报表等，教师可在补充好视频内容后，引导学习者观看视频，使其掌握ERP沙盘的重要性。

（二）校企合作模式

成人高校最为重要的是保证学生顺利毕业，并具备突出的管理能力，使其适应新时代的职业环境。校企合作模式可为学习者提供更多实践机会，甚至可直接留在合作企业中工作，实现学习者的自我完善，解决企业人才流失问题。同时，企业还可以联合高校，为学生设计人才共育方案，保证学生在毕业后所具备的专业能力符合企业发展要求，但应避免出现"校热企冷"现象。成人高校应加强与关联企业的互动，使其拥有参与的积极性，保证学生在专业学习中学有所成。

三、新时代背景下经济管理专业教学改革的路径

（一）注重课程互动

在新时代背景下，经济管理专业教学工作要求在课堂上充分尊重学生的主体地位，使其获得充足的自主思考机会，由此加深学生对专业知识的理解，教师要以调动学习积极性为具体的教学目标，培养学生在课堂上的学习热情。在成人专科教育中，部分教师认为学生多属于在职学习状态，且具有一定社会经验，故而具有突出的自律性。然而，笔者从实际学情中发现，经济管理专业学生的确需要培养学习兴趣，以此提高学生课堂配合度。

例如，在工商管理课程中，教师需结合学生的管理经验，为其组织一次畅谈会，全面掌握学生的学习动机，将其作为教学根据，用于指导学生完成学业任务。此外，教师还应当为其创造学习情境，帮助学生对所学知识留下深刻印象。比如，教师在讲述"企业内部技术创新模式"知识点时，教师可充当企业领导，引导学生按照企业技术创新要求自由组建创新小组、技术中心、事业发展部等，然后以各个岗位职责要求共同编制企业创新发展方案，并将最终结果提交给教师。教师也应当从企业领导视角分析学生讨论成果的可行性，确保学生在未来企业改革创新工作中做出贡献，实现企业创新模式的深度解读，有利于学生积攒专业经验。

同时，教师还可以运用情境教学方法开展教学工作。比如，在市场营销学中，教师可模拟市场营销场景，让学生感知市场营销的重要性。学生可从模拟销售岗位推销产品的场景中，了解市场营销中体现的需求导向战略，为后期实践积累更多经验，在产品开发与推广上均可取得更大的收获。

（二）增加实践课程

经济管理专业的任课教师在应用新型教学模式时，还需适当增加实践课程的课时。经济管理类课程大多具有突出的实践性特征。若一味讲述理论知识，很难强化学生的实

践能力。教师需为学生提供更多实践机会，善于运用教学平台。经济管理专业涉及的基础课程包括会计学、经济学、管理学、市场营销学等。教师可通过组织实践活动的方式，达到理论知识应用于现实场景的目的。

具体可参照北部湾大学经管学院外出经验，2020年10月5日，该学院教师带领学生亲自到钦州港码头参与实践活动，从码头物流运输流程与经济贸易交往环境中引发学生的深度思考，活动结束后，运用编写活动报告的方式验证学生在活动中的具体收获。事实上，这种实践课程比学生单纯地在课堂上观看视频或者图片所产生的效果更加显著。

以基础会计课程为例，教师在教学中应为其提供会计核算、报表编制等实践机会，以免单纯依靠理论学习，无法深度掌握会计学方法，影响学习效果。此外，教师在实践课程中还应随时对学生提问，锻炼学生的思维能力，如"管理会计与财务会计的差异""如何依据管理会计工具改善会计核算精准度"等，由此增加实践课程的可行性，满足新时代会计人才培养需求。

（三）设计网络课件

教师在教改工作中，要想保证应用的新型教学模式为学生带来全新的教学体验，还需要科学设计网络课件，提高自身信息化教学水平，运用网络教学资源，开阔学生的视野。通常情况下，教师应当在课堂上运用多媒体设备，及时准确地播放网络课件，一要保证所设计的课件内容足够丰富，且能够引起学生的积极思考；二要促使网络课件具备共享化特征。尤其在互联网时代，网络课件逐渐成为经济管理专业教学中的重要资源。教师可运用网络技术全面采集课程相关素材，包括成功的教学案例，并将其上传到学习平台，便于学生反复观看教学课件，锻炼学生的自主学习能力。

网络课件与常规教学课件相比，更能够满足学生自主学习的需求，当学生无法跟上教学进度时，能够有效地通过课下自学的方式，随时掌握课程重点知识，继而提升学习的有效性，改善当前教学现状。此外，由于网络课件可以实时更新，内容可以随时调整，当经济法规重新修订或者出现新的市场营销策略时，课件要实时进行更新以跟上时代变化，防止教学内容与社会脱节。

（四）创新教学方法

经济管理专业的教学改革还需运用多样性教学方法提高学习效率。本节主要以线上教学方法为主，成人高校在开展教学工作时，多以网课为主。鉴于此，教师应善于借助数字化教学模式实现经济管理专业课程的优化改革。第一，研讨式教学法。在锻炼学生自我表达能力时，教师可为其打造一个线上互动空间，鼓励学生自行参加线上研讨活动，大胆说出自己对市场营销及会计管理等行业的创意理念，在生生互动中，激发学生的潜力，提升其学术能力。第二，完善网课平台功能。教师在网络授课中，还可在教学中采用提问法，为学生设置实时作答的题目，帮助学生巩固所学知识，避免单方面观看视频失去学习兴趣。第三，教师应利用生活化教学法，结合教材内容举例说明真实案例，避免教材中的案例缺乏时效性，加大学生的学习难度，促使成人高校的学生拥有更强的管理技能。

经济管理专业教学中，要想保证教学工作成果符合当前教学要求，提高学习者的综合素质与管理水平，高校要充分借助分层教学模式、翻转课堂模式、校企合作模式，为成人高校学生打造良好的学习环境，并借助课程互动、实践课程、网络课件、创新教学方法等路径，强化在职学习者的管理能力。

第四节 国际经济学课程 PBL 教学

随着国际分工的深化和全球贸易的发展，国际经济学在经济学科中的重要性日益凸显。作为一门与现实生活密切联系的学科，其涉及的很多知识均能在现实生活中找到相应的实例。国际经济学课程以经济学为基础，学科融合性很强，在教学过程中具有理论性强、变量多、模型多、计算复杂的特点。使用传统的灌输式教学方法，会造成学生被动学习、学习体验感不佳、自我学习效能提升受阻等问题，影响教学质量，因而教学方式亟待改变。

PBL(Problem-based learning) 教学模式来源于杜威的实用主义教学理念，强调引导学生自主学习、以问题为基础，通过对课程问题的探索来学习知识，集"问题导向、以学生为中心、集体学习和教师引导"为一体，改变传统的灌输式教学模式。学生通过自主学习和教师引导将知识变为解决问题的工具和手段，对提高学生自主学习、发现问题、解决问题的能力都有较大的帮助。将 PBL 模式应用于国际经济学教学，可以对学生的学习过程进行重建，在高效完成教学任务的同时培养学生的综合性思维能力和集体协作精神，对该课程的"金课"建设有所帮助。

一、国际经济学课程的特点及教学改革的必要性

（一）国际经济学课程的特点

国际经济学是经济学专业的核心基础课，在专业教学中起着承上启下的作用。课程具有鲜明的特点，绝大多数理论均需通过图形进行分析，同时辅以数学推导、模型证明、

实践检验等教学手段，对学生学习理解能力要求较高。国际经济学课程各章节之间的独立性较强。在课程设置上按照贸易理论提出的先后顺序对整个经济体系进行了阐述。对学生而言，章节之间没有规律、难以借鉴，且知识点多，具有较大的学习难度，因此对学生的经济学基础要求较高。国际经济学课程是在宏观经济学、微观经济学等经济学课程的基础上进行教学的，其核心是对前述经济学理论的应用和延伸，需要扎实的经济学基础。

与其他经济学类课程相比，国际经济学课程中的大多数知识点都是可以应用于实践的。因而需要在课程教学中帮助学生对知识点融会贯通，避免理论与实际脱节。

（二）国际经济学课程改革的必要性

传统教学模式选用的教材内容偏向理论性，难以达到学以致用。当前我国高校国际经济学课程选用的教材版本无论是国内还是国外教材，在内容上普遍存在重理论轻实践的问题。从整体教学效果上看，学生不能理论结合实际，无法根据国际经济形式的变化应用理论知识。作为经济学科本科专业基础课程，大部分高校在不同的经济专业中都开设了国际经济学课程。但是在教学设置上，大部分高校对不同的经济专业在课程大纲的设置上都没有做到根据专业需求的不同调整教学内容，一刀切的教学内容不符合不同专业人才的培养目标，而且容易导致学生对课程学习目的产生迷惑，难以激发学生的学习兴趣。

传统讲授模式影响教学效果的提升。作为专业基础学科，国际经济学课程在教学过程中往往采用合班上课，以教师讲授为主。由于课程知识体系较为庞大，课时安排普遍较为紧张，造成了多数教师在课程教学中偏重对知识点的讲解，无法组织学生参与主动思考与探索，使得教学内容枯燥，不易于激发学生的学习兴趣，进而影响课堂教学效果。在这种传统教学方法下，师生之间、学生之间缺乏有效的沟通和互动，学生缺乏批判式学习的机会，学习过程中得不到启发，更难以用所学知识来解释现实问题，学习效果相对较差。

课程考核及教学效果评价体系较为单一。考核是检验教学成效最直观的方式，也是检验学生自主学习效果、理解掌握和应用知识能力的必要手段。传统教学中，国际经济学课程的考核以期末考试为主、课堂表现为辅。该种考核方式虽然能在一定程度上对学生基础知识的掌握程度进行检验，但并不能反映学生应用理论分析现实经济问题的能力，更不能考察学生的经济思维能力。因此，如何设计考核机制以发挥引导学生主动自主学习、由被动学习理论知识到理论与实践相结合的作用，是实现课程教学目标的重要环节。我国高校现行教学效果评价模式主要以学生和教师的教学测评为主，这种评价模式不利于 PBL 教学模式过程中教师根据学生评价结果及时调整引导和总结方式。教学首先是一个以教促研的过程，教学测评不应该仅仅反映在课程教学结束后，而应该贯穿整个教学过程，更应该根据不同课程的教学目标和教学内容，分别对教学评估体系和标准进行设计，使教学效果评价不仅仅是一个打分的过程，而是能够为提高课程教学效果提供实际的参考意见。

二、国际经济学 PBL 教学模式的具体实践

将 PBL 教学模式应用于国际经济学课程是为了打破传统教学模式中学生被动学习、无法自主整合跨学科知识、理论无法应用于实际的弊端，提高学生参与课堂的积极性和学习热情，培养其自主学习能力、自主思考能力、集体协作能力，有助于学生在后续专业课程的学习、继续教育和终身教育中学习效率的提高。PBL 模式强调"以学生为主体，以教师为引导"的学教关系，它在使国际经济学教学模式符合课程建设"两性一度"特征的同时，对经济专业人才培养也起到一定的指导作用。

PBL 教学模式根据国际经济学课程中的贸易模型将课程分解为若干专题，在每个专题课程开始前由教师对问题和案例进行设计并引导学生自主学习，课堂教学中对存在的问题进行解答，并在课程开始、课堂教学、课程结束后，分别进行教学评价。

（一）以问题为导向优化教学设计

有别于传统讲授式教学模式，PBL 教学法注重对学生自主思考能力的培养。因而将原有的课程方案进行重新设计，在问题设计环节引入大量的经济热点事件，如自贸区建设、金融风险防范、OFDI 等，以这些优良素材丰富教学内容，结合案例设计和提出问题，激发学生学习的积极性。学生通过学习，能够将理论与实际相结合，培养其拓展性思维能力、探索精神和综合分析能力。

（二）引导学生自主学习，增强师生互动

与传统教学模式相比，PBL 教学模式在设计上突出以学生为主体，强调教师的引导作用。教师应积极使用公共课程平台对学生进行课外自主学习与思考的引导。

在每个专题讲授之前，按照将要讲授章节的理论，结合实际准备案例和问题。以"关税对国家福利的影响"章节为例，设计案例为"瑞士进口商品零关税计划"，在此基础上提出"关税对于贸易产品的进口量会造成什么影响""关税对于进口商品在国内的生产会造成什么影响"等问题。学生 3～5 人成立学习小组，课前从教师处获得案例及问题，通过资料收集、文献查阅等学习手段，对问题涉及的前期知识点（如关税的征收模式、关税的分类等）进行自主学习，并结合案例数据对问题进行初步分析，得出相应的结论，

以小论文或课堂报告的形式体现出来。

在每个专题课程开始前，教师通过小论文或课堂报告了解学生的学习程度，对学生报告中普遍存在的问题进行纠错和知识的补充，并在此基础上，在课堂上引导学生将课前案例与模型相结合，从而加深学习印象，使学生能够更好地将理论与实际相结合。

这样的课堂教学流程强调了学生的学习主体地位，分组学习模式培养了学生的集体协作能力。教师从传统的知识灌输者转变为引导者，学生主动学习后对概念及模型的理解变得深刻，提高了学生将理论与实际相结合的能力，为后续专业课程的学习打下了较为坚实的基础。

（三）开展弹性化教学评价与课程考核

教学评价对于教学环节的改进和教学效果的提高起到了反馈和引导的作用，而课程考核有助于学生了解自己的学习状态，及时纠错。PBL教学模式下的教学评价和课程考核能够贯穿整个教学的过程，相比传统的教学评价和课程考核模式效果更佳。

从教学评价角度出发，学生在课程案例布置后可以对教师针对课程内容给出的案例和问题做出评价。评价指标包括与课程内容的契合程度、资料收集的难易度等。学生在课程教学完成之后可以对组员的配合程度及教师的引导做出评价。评价指标包括学习小组成员的分工工作完成程度、参与的积极性，以及教师对学习中存在的问题进行引导的程度等。学生还可以在课程教学完成后对整个课程的学习效果进行评价。这种教学评价模式，可以帮助教师了解学生对于教学各方面的满意程度，判断教学质量和水平。学生意见的及时反馈也可以帮助教师在教学过程中及时改进教学缺点，提升教学成效。

从课程考核角度出发，教师可以根据每部分课程的课前案例作业、报告情况对学生的自主学习情况进行考核，考核指标包括作业、报告的完成情况、学生提出问题的深度等。根据课堂上师生互动性对学生将模型与现实经济情况相结合的程度进行考核，在课程结束后，根据期末考核的情况来检验学生的最终学习效果。这种课程考核模式，可以帮助学生在学习过程中根据教师考核的意见对自我学习方式进行调整，使其能够更好地将课程知识与案例相结合。

因此，在国际经济学PBL模式改革的过程中建立一个师生共同参与的教学评价体系和弹性化的教学考核体系是对教学效果进行了解、帮助改进课程教学改革质量的必要环节。

三、PBL教学模式在国际经济学课程实践中的难点

（一）大班化教学与课时有限之间的矛盾

国际经济学作为经济类专业基础课程，学习人数较多、课程安排较紧，这样的课程特征给PBL教学模式的应用造成了一定的难度。大部分高校将国际经济学课程分为国际贸易与国际金融两个部分，课时设置上根据不同专业的教学需要一般设置为54+54课时或者48+48课时。但与经济类的其他课程相比，国际经济学课程的内容相对较为丰富，且各章节知识之间自成体系。而PBL教学模式以学生为中心，以问题为基础，学生通过讨论、查资料等多种方式获得解决问题的方法和答案，需要在课内课外都花费较多的时间，在此情况下课程学时安排就显得尤为不足。

我国高校经济类专业一般人数较多，因而普遍采用大班教学。而PBL教学模式要求学生进行分组，共同完成问题的探索与讨论，因此在实践中存在一定的难点。

首先，存在学生分组组合上的难度。过大的学生基数下学生水平不均衡现象较为普遍，因此无法保证每个学习小组中的成绩分布较为均匀，不能保证在学习和讨论的过程中各个小组拥有的学习和讨论能力在同一水平线上，继而影响学习效果。其次，过大的学生基数容易导致教师监督难度大、监管不到位等问题，给教学模式的实施和教学效果造成了一定的影响。最后，大班教学无法保证学生的学习自觉性。PBL教学模式需要教师的引导、学习小组组长的组织安排，也需要每一个组员各尽其责，这样才能很好地完成课程的学习和讨论。若有部分学生缺乏学习自觉性，不配合组长的工作安排甚至存在"搭顺风车"的心态，就会影响整个课程的学习效果。

（二）教师引导学生自主学习的能力有待提高

PBL教学模式在经济类课程中应用较少，教师在课程教学中的作用从向学生传递知识转变为学生自主学习、思索问题之后答疑的资料库，其作用除了解答学生学习中遇到的问题以外，还要能激发学生自主学习的动力，教会学生怎样自主学习。以往针对学生进行的调查表明，在PBL教学模式下，学生希望教师能够明确角色定位，能够管理PBL教学过程，能够推动小组讨论进程。而我国高校绝大部分教师长年在国际经济学课程的教学中采用传统讲授模式，需要提升PBL模式教学技巧。

将PBL模式应用于国际经济学课程的初衷在于避免学生学习后无法将模型与现实经济情况相结合的无效学习结果。因此案例的选择必须要紧跟经济现状，需要教师在对经济时事进行跟进与思考的基础上设计课程案例，并在此基础上结合学生的实际学习能力，提出学生看得懂、能思考、能与课程模型相结合的问题。这种课程设计的能力增加

了教师在教学中的工作量，要求教师不断提升自我学习能力，因而相较于传统讲授方法对教师的要求更高。

PBL 教学法要求教师引导、监督学生的自我学习，在学生遇到问题时及时提供帮助。比如在分组讨论方面，教师需要按照学生的成绩和个性等客观因素，参与指导分组，避免由于各个学习小组组员的水平差距过大造成的讨论深度和学习效果上存在较大的区别；在学习过程中，教师对于学生讨论过程中的疑问需要及时给予指导和反馈；对于参与意愿较低的学生，教师需要在课下对其进行建议和鼓励，指导其参与问题的讨论，帮助其提高自主学习的能力。

总体来说，PBL 模式强调了教师在学习过程中作为学生学习引导者的地位，对教师的要求更高，但是在教学实践中，部分教师 PBL 模式教学技巧不佳、引导和监督学生自主学习能力不强，制约着 PBL 模式教学效果的提升。

（三）学生主动参与度不高

PBL 教学法的核心在于激发学生自主学习的能力，在教学中应该以学生为中心。除了课程知识的传授外，也要注重学生综合学习能力的培养。因而学生的主动参与度决定了教学质量的高低和课程学习目标是否能够完成。由于我国高校教育长年使用传统的教师讲授模式，学生对教师的依赖程度大，惯性的被动学习模式和学习思维使其很难适应突然转变的学习角色，常表现为主动参与度较低等现象。这在性格内向的学生和存在"搭顺风车"心态的学生身上表现得尤为明显。而且容易出现学生应付任务，根据问题随意上网搜集知识内容而没有真正地去理解、思考问题的状况，导致学习效果局限于表面完成了任务，讨论的深度受限，无法达到课程要求的学习效果。

四、国际经济学课程应用 PBL 教学模式改进的建议

（一）设计问题导向型的教学方案

国际经济学在课程方案的设计上应该强调以学生为中心，如在问题的设计思路上，可以适当融入实时经济信息、当前社会热点等内容，来增强对学生的吸引力。除了课程知识的传授外，也要注重学生综合能力的培养，创造课程学习中"课内学习、课外自主学习、学习小组间互助与竞争"的教学氛围，从而培养学生深度分析问题能力及高级思维模式，力求对学生本科阶段的学习能力及将来的深造、就业有显著的提升效果。

在课程时间的安排上，除了对课内的时间进行安排以外，还应该鼓励学生合理利用课外时间对相关资料进行收集和整理，通过自学讨论的方式补充课程所需要的前期知识的学习与整理，还有相关经济新闻的了解与补充，从而缓解课程时长不足的困境。

课程教学方案的整合可以对学生的学习过程进行重建，在帮助教师高效完成教学任务的同时对学生的综合性思维能力和集体协作精神培养有所助益。

（二）提高教师的引领、监督能力

鼓励教师通过参与社会实践等完善和提高知识结构，提高理论与实际结合的综合素质。高校教师一般社会实践经验较少，因此应该鼓励高校教师根据实际情况，采用脱产学习、兼课实习、带队实习等方式，有计划地安排教师轮流到企业实习，或者参与企业的项目实践和技术培训等来帮助其完善知识体系中实践经验不足的问题。要结合课程的经济特色，面向企业一线，以强调技能和职业岗位能力培养为重点，通过理论教学和实践学习交叉进行，来帮助教师提高理论与实践结合的综合素质，使其满足教学模式的能力要求。

通过提高教师与学生的沟通交流水平来实现 PBL 模式对教师引导能力的要求。教师要重视对学生个体和群体思想状态、心理倾向、行为特征及其演变规律的了解，提升学生对教师的信任感。同时注重对教师本身沟通能力的培养，提高与学生交流的能力和水平。只有同时具备较高的专业知识水平和沟通能力，在整个课程的教学过程中，才能充分发挥教师的引导和总结纠错的作用，体现良好的师生互动关系，真正发挥教师在整个 PBL 教学过程中对学生的引导作用，提高教学效率。

参考文献

[1] 王占军. 大学生职业生涯规划咨询案例精编 [M]. 上海：华东师范大学出版社，2017.

[2] 姚先桥. 职业生涯六堂课 [M]. 北京：机械工业出版社，2012.

[3][美] 卡耐基职业生涯核心编译组. 你的一生要有一个计划：改变你一生的职业生涯 [M]. 北京：民主与建设出版社，1999.

[4] 郭文臣. 新型职业生涯的挑战与应对 [M]. 北京：科学出版社，2015.

[5][美] 戴安·萨克尼克（Diane Sukiennik）、丽莎·若夫门（Lisa Raufman）（著），中国就业培训技术指导中心、清华大学学生职业发展指导中心组织翻译（译）. 职业指导：职业生涯规划教程 [M]. 北京：中国劳动社会保障出版社，2017.

[6] 张婧. 情商左右你的职业生涯 [M]. 北京：朝华出版社，2010.

[7] 汪莉. 职业生涯规划与管理 [M]. 北京：华侨出版社，2008.

[8] 苏墨. 我的职业生涯我做主 [M]. 北京：京华出版社，2004.

[9] 马克思，恩格斯. 马克思恩格斯选集：第4卷 [M]. 北京：人民出版社，1995.

[10] 刘海春. 高校辅导员职业生涯发展教程 [M]. 北京：人民教育出版社，2009.

[11] 姚裕军，张再生. 职业生涯与管理 [M]. 长沙：湖南师范大学出版社，2007.

[12] 王泽兵，黄钢成，朱建军. 大学生职业生涯规划概论 [M]. 成都：西南财经大学出版社，2011.

[13] 秦一民. 大学生职业生涯规划指导 [M]. 成都：西南交通大学出版社，2011.

[14] 唐旬. 大学生就业指导 [M]. 北京：光明日报出版社，1989.

[15] 张弛. 大学生就业指导 [M]. 上海：华东师范大学出版社，2002.

[16] 孟续铎. 新经济下的就业市场变革：灵活就业发展问题及对策 [M]. 北京：社会科学文献出版社，2017.

[17] 李竞能. 人口理论新编 [M]. 北京：中国人口出版社，2001.

[18] 保罗·萨缪尔森，威廉·诺德豪斯. 经济学 [M]. 北京：人民邮电出版社，2008.

[19] 杰弗里·M. 伍德里奇（Jeffrey M. Wooldridge）. 计量经济学导论（第4版）[M].

北京：中国人民大学出版社，2010.

[20] 鲍明晓. 体育产业 [M]. 北京：人民体育出版社，2000.

[21] 杨干忠. 社会主义市场经济理论概论 [M]. 北京：中国人民大学出版社，2010.

[22] 罗尔斯. 作为公平的正义 [M]. 上海：上海三联书店，2002.

[23] 罗尔斯. 正义论 [M]. 北京：中国社会科学出版社，2011.

[24] 约瑟夫·派恩，詹姆斯·吉尔摩. 体验经济 [M]. 北京：机械工业出版社，2012.

[25] 鲍健强，黄海凤. 循环经济概论 [M]. 北京：科学出版社，2009.

[26] 傅国华，许能锐. 生态经济学 [M]. 北京：经济科学出版社，2014.

[27] [英] 摩尔. 伦理学原理 [M]. 上海：上海世纪出版集团，2005.

[28] 于萍. 马克思的需要理论 [D]. 长春：吉林大学，2012.

[29] 王莹. 高等师范院校就业指导的现状、问题及对策研究 [D]. 沈阳：辽宁师范大学，2010.

[30] 王楠. 新时代背景下浅谈我国大学生就业创业 [J]. 时代教育，2018，3（3）：179-180.

[31] 黄琴诗，潘王群，斜利珍等. 创业意识的影响因素及培育策略：基于在杭高校就业创业指导站的分析 [J]. 青少年研究与实践，2016，31（1）：30-35.

[32] 佟仁城，刘轶芳，许健. 循环经济的投入产出分析 [J]. 数量经济技术经济研究，2008，25（1）:40-52.

[33] 诸大建，臧漫丹，朱远.C 模式：中国发展循环经济的战略选择 [J]. 中国人口·资源与环境，2005，15（6）:12-16.